汉字重逢

光明的门户

郑博文◎著

四川科学技术出版社

图书在版编目（CIP）数据

汉字重逢．光明的门户／郑博文著．-- 成都：四川科学技术出版社，2024.1
ISBN 978-7-5727-1186-2

Ⅰ．①汉… Ⅱ．①郑… Ⅲ．①汉字－儿童读物 Ⅳ．① H12-49

中国国家版本馆 CIP 数据核字 (2023) 第 204090 号

汉字重逢　光明的门户

HANZI CHONGFENG　GUANGMING DE MENHU

著者　郑博文

出 品 人	程佳月
策划编辑	江红丽
责任编辑	江红丽
助理编辑	潘　甜　苏梦悦
插　　图	杨　彬
装帧设计	黄而锴　四川看熊猫杂志有限公司
责任出版	欧晓春
出版发行	四川科学技术出版社 地址：成都市锦江区三色路 238 号　邮政编码：610023 官方微博：http://weibo.com/sckjcbs 官方微信公众号：sckjcbs 传真：028-86361756
成品尺寸	170 mm × 240 mm
印　　张	43
字　　数	860 千
印　　刷	四川华龙印务有限公司
版　　次	2024 年 1 月第 1 版
印　　次	2024 年 1 月第 1 次印刷
定　　价	159.20 元（全 4 册）

ISBN　978-7-5727-1186-2

邮　　购：成都市锦江区三色路 238 号新华之星 A 座 25 层　邮政编码：610023
电　　话：028-86361770

汉字重逢

光明的门户

太阳的升举沉落，月亮的阴晴圆缺，是遵循着谁的旨意？如果是时间，那么是时间产生了这一切，还是这一切产生了时间？有形的门户随处可见，那是否也有无形的门户暗中旋转开阖？如果有，又是谁在其间出入往来，变动着看不见的位置，以通向不知名的远方？其实日、月的秘密，全在于一个“时”字，而门、户的关键，全在于一个“位”字。日月之时与门户之位，像两种相织的笔触，描绘出错综复杂又瞬息万变的宇宙景象。

不可思议的圆

目录

时空亦有呼吸

日 月

不可思议的圆

“日”“月”言“时”

日月经天，为世间画出了不可思议的圆。当然，这是不断在变化的圆，古人说：“日有短长，月有死生。”日月的周行往来，令无数奇观应运而出，其中要说最重要的，就是给宇宙创造出了一条名为“时间”的轴线。于万物而言，它既是最严苛的法令，也是最深情的承诺。每一天，万物都随日出而觉醒，又随昏暮而将息，然后昼去夜来，月送日归，以圆缺之态照明于长空。这样的循环，万古未绝。世上哪还有这等宏大无言的启示？

日

太阳是人间万物光和热的基本来源，也是一切生命繁衍生息的基本保障。地球以其为中心，进行着永不停息的旋转；自古人类的活动也以它为永恒的参照。在古人眼中，太阳是天之精华，也是时序的准度与真理的象征，具有不可置疑之威严。

“日”的本义

“日”字的甲骨文，就是画了太阳的形状——一个圆形，然后会在圆中间加上一个点，表示太阳经久不衰的光热。相对而言，圆形是不便于锲刻和书写的，因此早在甲骨文时代，太阳的外轮廓就常常被刻为四方形，并且一直延续到今天。

◎甲骨文

◎甲骨文

◎金文

◎小篆

◎隶书

◎楷书

天有日月，万古不灭，这景象寻常之极，又神秘之至。中华文明中，有许多关于太阳的神话与传说。根据《山海经》《淮南子》等典籍记载，太阳原本还不止一个。

传说上古时代，天帝帝俊的妻子羲和，生下了十个太阳。这十个太阳轮流值班，巡行天空，照亮大地。

每天早晨，羲和驾龙车送一个太阳值日，载着太阳从东方一个叫“旸谷”的地方出发。拂过扶桑神树的树梢而升空，这就是日出之时；升到南方的昆吾山巅，就到了一天的中午；最后落入西方一个叫“禺谷”的地方，就到了日暮黄昏之时。

人们在夜晚歇息，但羲和还要在这段时间从西方赶到东方，在下一个天明之前带着太阳洗澡。在哪里洗呢？传说有两个地方。西边这个洗澡的地方叫作“咸池”，而东边这个洗澡的地方叫作“甘渊”，这就是后人说的“羲和浴日”。

就这样日复一日，年复一年，羲和带领十个太阳严格依时值守，给人间调配光和热，使万物和谐安详。

后来意外出现了——传说到了帝尧时代，太阳们觉得这种轮值枯燥无味，有一次便打破规矩，同时驾车升上了天空。十日同照，炽热无比，烤得大地如同火海，一时间生灵涂炭。这时一个叫“羿”的英雄射手，领受尧帝之命，蓄聚神力，张弓搭箭，一举射落了九个太阳，才化解了这场灾难。这就是“羿射九日”的传说，后来也被人们称为“后羿射日”。

又相传黄帝时期，北方大荒之中有座叫“成都载天”的大山，山中居住着一个叫“夸父”的巨人。夸父追着太阳拼命地奔跑，一直追赶到太阳落山的禺谷。他感到口渴无比，就到黄河、渭河去喝水，他喝干了两条河却

仍觉不够，又到北方的大泽湖去喝，但还没有赶到就渴死于途中。这就是成语“夸父逐日”的由来，它既被用来比喻不自量力之妄想，也用来比喻壮志无畏之气概。

中国最古老的诗歌也以“日”为起首。据《帝王世纪》记载，帝尧时代，百姓安乐，社会和谐，有位八九十岁的老者悠然自在地唱出：“日出而作，日入而息。凿井而饮，耕田而食。帝力于我何有哉？”意即太阳升起就干活，太阳落下就休息。凿井来喝水，耕种来吃饭。哪里见得帝王有为于我呢[1]？此诗流传已四千余年，展现了农耕时代人们对自食其力、躬耕之美的赞颂，对太阳所代表的自然法则的敬畏。

至于后世，写“日”的名句则不可胜数、各有千秋。曹操有：“日月之行，若出其中。星汉灿烂，若出其里。”王维有：“大漠孤烟直，长河落日圆。”

“日”的引申义

“日”由本义太阳引申为太阳所在的白天，此时它与“昼”的意思相同，与“夜”的意思相反。杜甫登上岳阳楼，看到洞庭湖上的壮阔景象，有：“吴楚东南坼，乾坤日夜浮。”意即辽阔的吴楚两地被洞庭湖一水分割，日月昼夜都飘浮在无边的湖面之上。此二句气象之大，令人叹服。

1 “帝力于我何有哉”一句，有帝王无为而治、隐于生民背后而不居功之义，义旨合于《道德经》中的“是以圣人处无为之事，行不言之教，万物作焉而不辞，生而不有，为而不恃，功成而弗居。夫唯弗居，是以不去”。

日出日落，给人以“时”的概念，因此“日”引申为一系列与时间有关的含义。表示一天、一昼夜，有“昨日”“今日”“一日不见，如三秋兮”；表示每天、一天天，有“蒸蒸日上”“日新月异”“吾日三省吾身”[1]；表示特定的时节、季节，有“春日”“元日”“待到重阳日，还来就菊花”；表示广泛意义上的光阴、时间，则有“旷日经年”“来日方长”“路遥知马力，日久见人心”。

事实上，“时”字本身就是基于太阳而造的。“时”字的甲骨文，是“日”字上面增添了一个表示出行前往某处的“之”字，会意太阳的运行。太阳运行产生“四时”，也即四季，因此“时”的本义即节气、时令，后引申为时辰、时代、时间等。

◎时 甲骨文

1 出自《论语·学而》。意即每天都要多次反省自己。曾子反省什么呢？反省自己替别人做事是否竭心尽力？与朋友交往是不是持守诚信？老师传授的知识，有没有按时温习？这是日日提醒自己，要做真君子。

◎时 楷书

“时”由“日”生，人们依据太阳在一岁当中的方位而知四时，依据太阳在一天当中的东升西落可知时辰。人借日而知时，获得一种对天地秩序的直观理解——时序。知时序，方能察时势，进而得时宜，以时为尺安排一切行动举止，是谓“时行则行，时止则止”。至于《周易》中的“天下随时”，《国语》中的“圣人随时以行”，更是揭示了时序之于万物生化运作的深刻意义。

◎日 甲骨文

◎日 楷书

阳

很早之前，古人便称日为『太阳』。时辰早晚，阴晴几何，冷热寒暑，所宜何事，都免不了开口问问它。『阳』字之重，可见一斑。

这轮光热无边的“阳”，溯其渊源，还要先从一个古老的字——“昜”说起。

◎昜 甲骨文

“昜”与“阳”的前世今生

“昜”的甲骨文，上面是一个“日”，表示太阳，下面是一短横和一长竖相交而成的“丅”。这个“丅”表示什么呢？这一横代表的是天上的云层，这一竖代表的是直射而下的日光。“日”在“丅”上就会意：阳光穿越云层直射而下。

◎昜 金文

◎昜 小篆

◎昜 隶书

到了金文，字形中逐渐多了些“丿”画在云层的下方，示意道道阳光普照大地。到了篆文，上方的太阳和云层部分基本未变，下方直射与斜射的多道日光，则慢慢接近于“勿”字，字形整体就定形为“昜”。

相较于“日”是对太阳本身形象的描摹，“昜”则侧重表达了古人对太阳最突出特征的认识——它高悬于云天之上，普施光芒于大地，因此，“昜”字更带有光明、高上的意味。

常用部件“𠃓”，其实就是由“昜”字的草书演化而来，带有“𠃓”的一系列字，许多都与“光明”和“高上”有关系，而这两种含义往往又是分不开的——太阳在高处放光明，人与众多事物至于高处才显明可见。例如给“𠃓”加一个“日”，即为“旸”，会意太阳升高而放光明，因此传说中东方的日出之地就叫“旸谷”；再如，“扬”是手举至高处，“杨”是高大上挺的乔木。

◎阳甲骨文

“阳”字的甲骨文就是在“昜”的基础上多加了一个表示阶梯或者山陵之高的“阜”。显然，这是在“昜”字所示的含义之上再进一步强调“高”：太阳在比云山更高的地方放光明。《说文解字》中讲：“阳，高、明也。”它的表意比“昜”字更为具体、易懂，因此就逐渐取而代之。随着左右两部分字形的演变，它逐渐定形为“陽”，如今又简化为“阳”。

水北为阳，山南为阳。

“阳”的引申义

《谷梁传·僖公二十八年》中有：“水北为阳，山南为阳。”这意味着古人很早就开始把水的北面、山的南面称为“阳”。什么原因呢？因为午时太阳升至高空位于正南方向，这时山的南面可以照到日光，山的北面就照不到。“阳”字本身又带有意义与高山有关的“阜”字，因此古人就将山的南面称为“阳”。两山之间必然有河流穿过，山的南面又总是一条河的北面，所以古人也将水的北面称为“阳”。这在许多保留至今的地名中也可以看出，比如，“衡阳”就在衡山之南，“洛阳”就在洛河之北。

在这种“山南水北”的意义之后，“阳”才引申指“太阳”。范仲淹有：“山映斜阳天接水，芳草无情，更在斜阳外。”意即斜阳映照远山，秋水长天一色，芳草不谙乡愁，一直延伸到比夕阳更远的地方。

◎阳 隶书

◎阳 小篆

“阳”与“阴”

◎阳 金文

“阳”在汉字王国所展开的更为浩大的旅程，则是由于另外一个字的诞生——阴[1]。

◎阴 金文

至少在金文时代，就有了“陰”字，表达了太阳为云山所遮蔽的含义。后来，“陰”简化为“阴”。对应于“阳”可指山之南、水之北，“阴”则代表山之北、水之南；对应于日称为“太阳”，月则称为“太阴”。

◎阳 楷书

“阴”“阳”两者的相反相对，很早便成为中国古典哲学的中心议题。古人认

◎阴 楷书

1 “阳”“阴”都是近代出现的简化字，字形中仍然以“日”“月”两者来表征其相对关系。

识到，在宇宙和生命生化运转的宏大时空中，始终有某些不变的法则贯穿此间，而阴阳[1]法则就是其中之一。《周易》中有："一阴一阳之谓道。"《道德经》中有："万物负阴而抱阳，冲气以为和。"阴与阳彼此相生相克、相互联系、相互制约，古圣贤凭借对阴阳的识与用而归纳天地和统一万物。

太阳金光万缕，穿云照地，无所不及；天时之动，移昼换夜，未曾暂息。《周易》中有："天行健，君子以自强不息。"

---

1 与之类似的哲学关系还有"有无""终始""顺返""生灭""色空""方圆"等，它们共同构成"易"的概念。

旦

一日之始，太阳一点点摆脱山海大地的桎梏，横空出世于东方天际，星辰闻声退场，暗昧骤然消散。人们也从睡梦中醒来，跟随太阳的现身而起床劳作。描述这个时刻的字，是『旦』。

◎甲骨文

“旦”的本义

“旦”的甲骨文和金文，是上面一个“日”，也即太阳，下面一个空心或实心的方块，表示土地。上下两部分合而会意：太阳破土而出，从地平线上升起。

◎战国文字

◎小篆

◎隶书

◎楷书

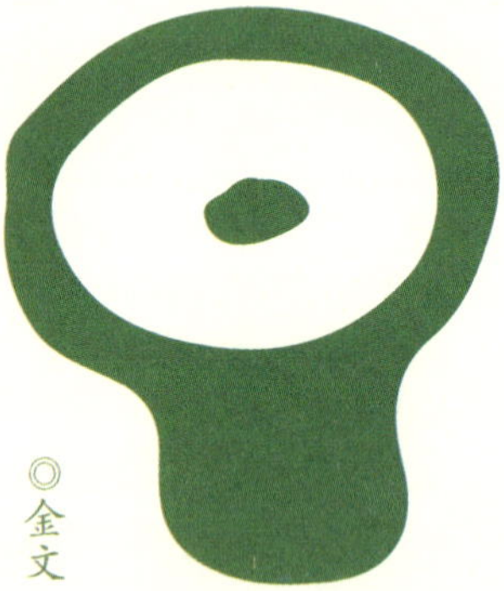

◎金文

到了战国文字和篆文，“旦”字下面表示土地的部件逐渐简省变形为一个“一”，更有了地平线或者海平面的意味——太阳每天升现之处。此后字形逐渐确定下来，一直沿用至楷书。可见“旦”始终是一幅表意清晰的简笔画，它源自上古先民对自然直入本质的观察和理解。没有人会误解，这是一天当中夜刚尽而日初现的时分。

日出天亮的时分，即“旦”字的本义。古人根据天色将夜半以后又细分为鸡鸣、昧旦、平旦三个阶段，“鸡鸣”指天明之前，“昧旦”指天将亮而未亮之时，“平旦”指天已亮之时。“通宵达旦”，就是从天黑到天亮；“枕戈待旦”，就是枕着兵器等待天明，时刻警惕，准备作战。《孟子·离娄下》中讲周公勤于辅政，遇事总是：“仰而思之，夜以继日；幸而得之，坐以待旦。”意思是，他仰头思索从白天想到深夜，如果想到了办法也顾不得休息，会坐等天明到来去立刻实行。

“天再旦”现象

同一天有没有可能出现两次天亮呢？早在春秋时期的《竹书纪年》中就有这样的记载：“元年丙寅春正月，王即位。天再旦于郑。”此处的“天再旦”，即同一天接连出现两次天亮，古代天文学家记录的这种罕见天文现象通常是由于清晨五点到七点的日全食所引起的，概率约为千年一见。今人依据相关天文学计算，得到了这次“天再旦”现象发生于公元前899年4月21日的清晨时分，由此确定了懿王元年的历史坐标。

“旦”的引申义

天亮，是一日清晨的开始，因此，“旦”也常用来指早晨、清晨，此时其与表示黄昏、傍晚的“暮”或“夕”相对。古人有“蒲苇一时纫，便作旦夕间”“匹马风尘色，千峰旦暮时”。如同“朝”可引申为一天一样，“旦”也可引申为（某一）天、（某一）日。成语“毁于一旦”，意即在短短一天的时间里就毁掉了；“元旦”一词，“元”为开头、初

始，“旦”是一日，合而表示一年初始之日，古时元旦指正月初一，今指公历一月一日。

由日出而天亮，“旦”又引申为明亮、光明的含义。《诗经·大雅·板》中有：“昊天曰旦，及尔游衍。”意即上天正大光明，天理如影随形。由这种天光之明引申为人的态度之明，“旦”还可以表示人的诚恳坦荡。《诗经·卫风·氓》中有：“信誓旦旦，不思其反。”意即盟誓是那样诚恳，背叛却不期而至。

“旦”与“昼”

“昼”是一个包含有“旦”的字，两者形义上的关联实则存在一些有意味的巧合。

◎昼 甲骨文

◎聿 甲骨文

“昼”字的甲骨文，字形上面是一只手拿着一支毛笔，即“聿”字，下面是一个太阳，即“日”字。到了篆文，又在“日”的周围增添了几笔——仿佛是上方这只神手以妙笔给太阳四周画上了界

◎昼 金文

◎昼 小篆

◎昼 隶书

线，似乎在表达：界线以内可被太阳照亮的范围，就称为“昼”；与之相对的，在界线以外不被太阳照亮的，就称为“夜”。

“昼”简化后的字形[1]由“尺”“旦”两部分构成，在字义上也可讲通——“旦”为日出地平线，“尺”为计量、尺度，则“昼”可理解为以地平线为尺来计量，日在上时为“昼”，日在下时为“夜”。

《诗经·豳风·七月》中有：“昼尔于茅，宵尔索绹。”即白天茅草才割好，夜里又得赶着去搓绳，日夜劳作，疲倦不堪。《古诗十九首》里写对时之永逝、生之短暂的领悟，诗人喊出“昼短苦夜长，何不秉烛游”的高音，这是希望举着火把，把漫漫长夜也过成充满活力的白天。

[1] 我们如今使用的简化字中，事实上有很多早已于古时出现，其中有许多简化得很成功，既保留了造字之初的洞察和智慧，又简化了字形，方便书写与推广。

◣昼尔于茅，宵尔索绹

昼 ◎昼 楷书

旦 ◎旦 隶书

“旦”让人心中有了一把“昼夜之尺”：昼夜明暗交替，以天地边际为线，又以日之光明的乍现为起始。

◎旦 楷书 旦

◎旦 楷书 旦

世间万物的诸多概念，黑白、明暗、阴阳……都随昼夜错出而一同涌进人们的思想之中——这是关于“时”的一次觉醒。

晓

『旦』之日出天亮时，又名『拂晓』『破晓』。太阳现身，展其初颜之后，将乘着无形的云梯缓缓升举。『晓』字所言，正是此事。

“晓”的本义

◎小篆

“晓”字始见于篆文，字形为左“日”右“尧”。“尧”字旧时写作“堯”，是从篆文字形沿袭而来。上面是三个“土”字构成的“垚”，表示土堆高高垒起，下面

◎楷书

◎楷书

是一个“兀”，它最初表示一个人的头顶，因而引申为高而突出的样子。这样，上下两部分合而成字，就会意“高”。从表示腿脚高抬的高跷之“跷”，表示水自高处向低处灌溉淋洒的浇灌之“浇”，表示骏马高大强健的骁勇之“骁”……这一系列字中，都能够看出“尧”字有高、高起的含义。

那么将“日”“尧”两部分组合，就表示太阳升高、天亮起来。“晓行夜宿”“金鸡报晓”，北京的“卢沟晓月”，莆田的“东山晓旭”，还有孟浩然的“春眠不觉晓，处处闻啼鸟”，杜甫的“晓看红湿处，花重锦官城”，杜牧的“远梦归侵晓，家书到隔年”，陈子昂的“明月隐高树，长河没晓天”，此中的“晓”也都是取其本义。

仔细推究起来，“旦”“晓”两字虽然含义相近，都表示天亮时段，但仍有细微差别。“旦”为日方出，强调“日现”，而“晓”为日渐升，强调“日高”。还有一些与其含义相近的字，比如“旭”，是太阳如托举般平地而起，《诗经》中的“旭日始旦”，意即太阳方升天大明；再如“杲”，是太阳升至林木上方，《诗经》中的“杲杲出日”，意即太阳高照于林木之上。

春眠不觉晓，处处闻啼鸟。

◎楷书

晓

“晓”的引申义

与“旦”字相似，“晓”也引申出了清晨的含义。比如“晓日”即朝阳，“晓光”即晨光，“晓市”即早市，“晓妆”即女子的晨妆。杜甫《望岳》中有：“造化钟神秀，阴阳割昏晓。”意思是，自然似将灵秀之气汇集于一山之上，其高遮天蔽日，使南明北暗判若晨昏相别。昏晓，即黄昏与清晨。

天亮后，万物彰明可见、可识、可知，“晓”便引申为明白、见识、理解之义，换言之，这是以“天明”来比喻“心智之明”，构词如“知晓”“通晓”“家喻户晓”。桓宽《盐铁论·相刺》中有：“持规而非矩，执准而非绳，通一孔，晓一理，而不知权衡。”意思是，有些人拿着圆规而否定曲尺，拿着水平仪而否定墨线，只拥有一孔之见，只明白一种道理，而不知道全面地去比较和衡量。王充则在《论衡》一文中说：“不学自知，不问自晓，古今行事，未之有也。”这是说，不用学习就什么都知道，不用

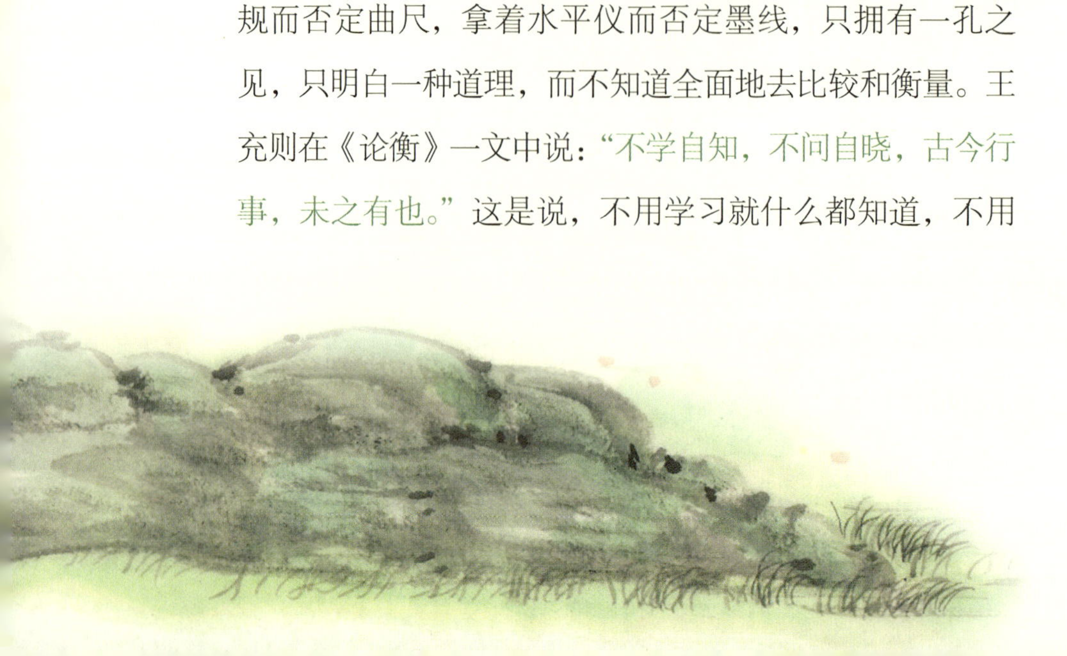

询问就什么都通晓，这样的事古往今来就没有过。或深或浅的知识，都需要通过好学善问而得，而非通过虚幻的臆断与空想。

继续引申，“晓”则表示使人明白、开导，例如“晓以大义”“晓之以理”。《列子·天瑞篇》中就有一个著名的“晓之者”——就是为他人答疑解惑的开导者。故事是说，齐国有个人担忧天地会突然塌陷，因此整天睡不好吃不好。又有一个急人所急的“晓之者”就主动来告诉他，天是“气”的积聚，而地是“块”的积聚，天之气无所不包，因而不会塌下来，地之块无所不载，所以也不会陷下去，一切的担心都大可不必。听闻了“晓之者”的讲解之后，“其人舍然大喜，晓之者亦舍然大喜”，这是说，听的人释然欢喜，讲的人也欣然自乐。

这篇以“杞人忧天”为题的寓言故事，成为人们的千年笑谈。细思这一问一答，却闪烁了不一样的觉知光芒：无端忧虑的人想到了一般人不会去想的事，他的神

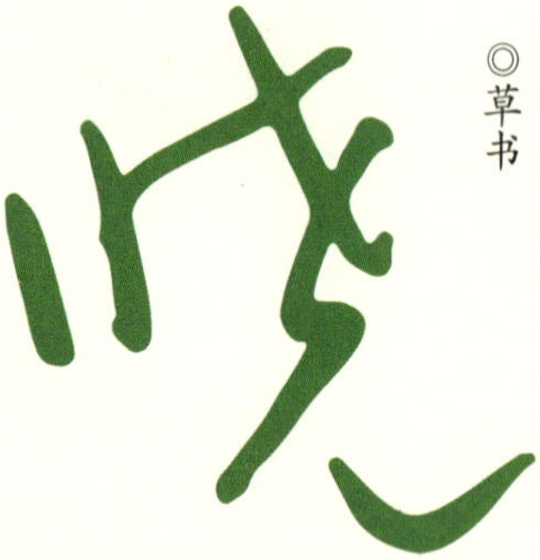

◎草书

思超过了日常而置入了宇宙；开导者能急人所急，虽然未必给出了终极答案，但言之已有了“天覆之，地载之”的乾坤观念。从某种意义上来看，这也是人类求知的缩影，是“朝闻道，夕死可矣”的缩影。“舍然大喜”是动人的，一个因闻道而喜，一个因诲人而喜，虽然路还很远，但出发的心是向善的。

◎楷书

◎楷书

自旦明至破晓，是自觉醒到晓然的过程。人知太阳不仅会破土而出，投射光照，且必定向高升腾，跃然上行。古人云：“晓然以至道而无不调和也。”

景

经过了『旦』的日之初现和『晓』的日之渐高，人们眼看太阳一点点越过群山草木，越过了视线中的一切遮蔽物，到达人可共见的高处，大地之上，一切景象随之焕然一新。描述这种时刻的字，是『景』。

“景”的本义

“景”始见于战国文字，字形为上面一个“日”，下面一个“京”，一直沿用至今。“京”的甲骨文像是一种楼状建筑：下面有土石垒就的高台，其上又有观亭塔楼高拔而起。

◎景 战国文字

◎京 甲骨文

《说文解字》将其解释为“人所为绝高丘也”，特别强调了它的高。那么“景”字便是以“日”在“京”上的构造，会意太阳升到了比高楼更高的地方，即时近中午，太阳高照、日光明亮的意思。比起“旦”“晓”“杲”所对应的时刻，此时太阳的位置更高了，它已经越过远山林木，升至近处的高墙楼台也不能遮挡的天空，它开始有了阳光普照的意味。

◎京 小篆

◎景 小篆

正因此时的阳光更为明耀炽盛，比起晨昏时分更具代表性，因此“景”就被用来指代日光。“春和景明”，即春季气候和暖，阳光明媚；“餐霞饮景”，即食日霞，吞饮日光；左思有：“皓天舒白日，灵景耀神州。”王维有：“返景入深林，复照青苔上。”

“景”的引申义

“景”字还由日光引申为太阳本身，此时它的意思与“日”相同。比如《淮南子·天文训》中有：“日西垂，景在树端，谓之桑榆。”意即太阳西斜，在视线中落到了桑树、榆树的树梢，因此把日暮黄昏称为“桑榆”。再如“景西”就是指太阳西斜；“长绳系景”，就是用长绳把太阳拴住而不任其沉落，以此形容人们对挽留时光的渴望。正因太阳是“时”之尺度，“景”也随之被赋予了时光的含义，常构词为“光景”。感慨时光一去不返，李煜有：“留连光景惜朱颜，黄昏独倚阑。”晏殊有：“燕子归飞兰泣露。光景千留不住。”

◎景 楷书

◎景 隶书

长绳系景

日光正好，才最有风光可赏，因此“景”又引申为风光、景色。苏轼叮嘱好友：“一年好景君须记，最是橙黄橘绿时。”李清照自陈心境：“枕上诗书闲处好，门前风景雨来佳。”如果将自然的风景投射于时、事的层面，从具象变为抽象，就有了“景况”“情景”，一年的谷物收成叫作“年景”，人的暮年境况叫作“晚景”。

此外，由太阳越过高楼而普照大地的字形构造，“景”还可引申为高大、在上。例如“景星”，即高高在上的大星，传说古时每每出现于有道之国的夜空，是象征祥瑞的星；“景业”，即大的勋业，多指以帝王之高位而治理的宏图大业；“高山景行”，原指高山巍峨、大道平坦，后因司马迁借其赞美孔子而又用以比喻崇高的德行[1]。高大、在上的事物与崇高的德行，引人仰视与钦慕，因此“景”又表示仰慕，这就有了“景仰”“景慕”等词。

[1] 司马迁《史记·孔子世家》中有：“《诗》有之：‘高山仰止，景行行止。’虽不能至，然心乡往之。”此处“乡”通“向”。

“景”与“影”

◎景 隶书

至此，“景”字的主要含义似乎都已厘清了。然而，当认识了“日光”这种事物的时候，就同时认识了另外一种事物——影。只要有光，就一定会有影，影总在光的背面，明暗赫然相别，却又互相依存。古人想，既然“景”字已经用来指代日光，就有劳它也同时表示日影吧。《诗经》中有“二子乘舟，泛泛其景”，意即目送小船载着两人离去，渐渐只剩下远远一粒暗影；《过秦论》中写陈胜揭竿起义，“天下云集响应，赢粮而景从”，即天下豪杰像云一样聚集，像回声一样应和他，担着干粮如影随形地跟着他。

◎景 楷书

◎影 楷书

◎影 楷书

◎影 隶书

后来，两义共用一字毕竟不便，又因“景”作日光等义常用不衰，就又新造了“影”字来表示日影的含义，“影”又引申出影像、遮蔽、痕迹等含义。“影”字右边这个新增的“彡”，就用来表示日光照物投射出的暗斑、物影。

◎景 楷书

时至于“景”，日近中天，其位之高，其热之炽，其光明之盛，若圣德在上，普被山川。君子仰而望之，远生慕贤思齐之心。

昏

『旦』至于『晓』，再至于『景』，是一个太阳现身并逐渐升晋中天的过程，然而，会上升的事物也总有下落的时候。时过午后，太阳的下行如箭如梭，炫目的日光迅速变得柔和，纯金之色渐转红黄；再过不久，漫天霞光似迎来一场盛大的酒醉。转眼就到了日落天黑之际，描述这一时刻的字，是『昏』。

“昏”的本义

“昏”的甲骨文，是一个“日”字在下，上面有一个躬身抬头的人形，手臂连接着下面的“日”，似乎正用力想要提起下沉的太阳。这个躬身提日的人形，最终演变为“氏”，整个字就定形为“昏”。它的本义，就是太阳已至于低处、将要落入地中，表示日落天将黑的时分。

◎甲骨文

◎战国文字

◎小篆

◎隶书

◎楷书

“枯藤老树昏鸦”，昏鸦，即日暮归巢的乌鸦；“山寺钟鸣昼已昏”，昼已昏，即日落天色已晚。由于夜幕降临之前，天色尚被残阳染有余黄，因而往往称其为“黄昏”。李商隐有：“夕阳无限好，只是近黄昏。”林逋有：“疏影横斜水清浅，暗香浮动月黄昏。”

“昏”的引申义

黄昏时分，天光渐暗，“昏”因此引申为光线黑暗不明，构词如“昏暗”“昏黑”。王僧达的“白日无精景，黄沙千里昏”，王昌龄的“大漠风尘日色昏，红旗半卷出辕门”，其中的“昏”皆指风沙蔽日之暗。

由光线之黑暗不明，“昏”又引申为人的感官不灵或神志不清。“老眼昏花”是视线的模糊，“利令智昏”是头脑的糊涂，“昏迷不醒”是知觉的丧失。孟子有言：“贤者以其昭昭使人昭昭，今以其昏昏使人昭昭。”意即贤者应先使自己明白再去启发别人，如今人往往自己都还糊涂着，却想着去教育别人。

由于古时婚礼都在黄昏时分进行，因此“昏”还引申为结婚。《汉书·晁错传》中有：“男女有昏，生死相恤。”后来古人又为其增添一个“女”字旁，增造了“婚”字来表示结婚的意思。

“昏”与“昃”

还有一个表示黄昏前太阳状态的字，是“昃”。

“昃”的甲骨文，是将“日”字写在低处，又在其右上方画了一个向日歪斜的人形，会意太阳向低处倾斜而下，也即时过午后，太阳开始西斜的意思。后经一系列演变，太阳最终被写到了上方，而倾斜的人形逐渐被写为一个“仄”并放之于下方，字形就定为“昃”。

◎昃 甲骨文

《周易》中有：“日中则昃，月盈则食。”意即太阳行到中天就会向西偏移，月亮盈满之后就会开始亏缺。也就是说，盛必有衰、物极必反是自然之常理。《千字文》中也有：“日月盈昃，辰宿列张。”意思是，太阳正了又斜，月亮圆了又缺，星辰井然布列，万物皆遵循着秩序与法度。

◎昃 小篆

“昃”与“昏”除了在所表时刻上的相近之外，前者字里向日人形的倾斜不安，与后者字里提日人形的躬身施力，似也遥相呼应，共同将一种情绪和盘托出——对太阳西沉渐落的警觉，对白昼的留恋不舍，对光明的奋力挽留。

◎昃 隶书

◎昏 甲骨文

夕阳无限好，只是近黄昏。

◎昏 甲骨文

放之自然层面来说，长夜的降临，对上古先民来说往往意味着漆黑、陌生、寒冷与危险；放之隐喻层面来说，光明的流散将隐，象征着智慧的掩蔽。

◎昏 甲骨文

◎昃 楷书

◎昏 甲骨文

《周易》中有“明夷”一卦，以“明入地中”立象，正对应着“昃”与“昏”的造字取义。此时，明为暗所伤，漫漫长夜无可回避，人应该如何应对呢？《周易》及历代圣贤给出的答案是，君子应“内难而能正其志”，藏明于内，守志待时。处晦暗之中而不为晦暗所同化，即使山川平野暗象无边，仍独守光明之心志，提举正大之志向。

莫

与『昏』字同言天色向晚之际的字，还有一个『莫』。但『莫』字所言说的太阳，却并不被人经常想起。

“莫”的本义

◎甲骨文

甲骨文中的“莫”，是中间一个“日”字，上下写了四个表示草的“屮”，或者表示树的“木”。这是一幅十分好懂却又颇有意境的简笔画：太阳落到了草木丛中。这说的当然就是傍晚时分，太阳落山，仿佛要被丛丛草木藏匿起来。有时也简写草木的部分，但并不影响其本义。在后世的演化中，字形中间的“日”字始终未变，其上的草木逐渐变形为“艹”，而“日”下面的草木则逐渐变形连写为一个“大”，让人难以看出原本的含义了。

◎金文

◎甲骨文

◎小篆

因此，“莫”的本义即日暮、天色已晚。《荀子》中的“饮酒之节，朝不废朝，莫不废夕”，是说晨暮饮酒应有节度，以不耽误正事为原则；《礼记》中的“日莫人倦，齐庄正齐”，是说诸侯间行聘问之礼直到黄昏，虽然疲倦了却还神态端庄、衣冠整齐。

“莫”的引申义

由日暮、天色已晚的本义，“莫”又引申为晚、岁时将尽等含义。阴历三月春季已晚之时，就称为“莫春”。

《论语·先进》中有一段动人的讨论。孔子问学生们，你们的志趣是什么呢？子路、冉有、公西华分别表达了自己远大的志向。只有曾皙的说法与众不同，他说：“莫春者，春服既成，冠者五六人，童子六七人，浴乎沂，风乎舞雩，咏而归。”意思是，我只想在春衣轻盈的晚春三月，同五六个成年人、六七个少年，去沂河里洗洗澡，在舞雩台上吹吹风，再一路唱歌归来。这个想法获得了孔子的赞赏，他认为只有曾皙描绘了礼乐之治下的景象：人人皆能放怀于山水，约之以礼，载歌载舞，得与天地同呼吸之自由。

这像一幅画，画出了孔子理想中美好社会的一个剪影，怦然触动了他的心，而这一幅莫春好景，也永远定格在史册之上，唤起了历代无数贤士的憧憬与追求。

由于日暮向晚之时天光渐暗，“莫”又引申为昏暗、暗蔽的含义。枚乘《七发》中的“烟云暗莫”，是指云烟笼罩下的光线昏暗；《荀子·成相》中的“悖乱昏莫”，是指人心的昏暗不明、愚昧糊涂。

此外，日暮意味着暗夜的降临，人们的行为劳作开始大受限制，很多事已不宜在此时进行，“莫”字便也随之带上了一种限制、否定的色彩，被借用为副词来表示不能、没有、不、别等否定性的含义。此时，“莫”读作“mò”。“莫衷一是”“爱莫能助”，“莫”是“不”“不能”；“莫敢谁何”，“莫”是“没有”；“莫愁前路无知己”“醉卧沙场君莫笑”，此中的“莫”为劝诫之“别”。

当“莫”渐渐为这些表示否定意义的副词所专用，日暮、天色已晚的本义，古人便另加“日”，新造了一个“暮”来表示。至此，“日莫”就写为“日暮”，而“莫春”也随之改为“暮春”。

对比来看，“昏”“莫”二字所言之时相近，但所含深意又有内外之别：“昏”为知日将落而明智于心，“莫”为知时将暮而藏敛其行。“莫”之时，君子观日入草木丛之象，知应行藏养之道，韬光养晦，内求己身。

月

昏暮之时，太阳将息，沉隐于地下，白昼收场，夜幕降临。就在人们以为光明就此将不见踪迹之时，另一个饱含光明但与日不同的天体，却悠悠出现于天际，缓缓升至暗夜的长空。它就是『月』。此时，羲和已御日匆匆自禺谷赶往旸谷，而『望舒』女神自东天边际驭月而来。

“月”的本义

◎甲骨文

几千年前，先人起初把月亮从天上拉进汉字里时，画的就是一枚弯月的样子。为什么“月”字不画成圆月而要画成弯月呢？因为古人早就发现，月亮不同于太阳，它圆的时候很少，但弯的时候很多，所以弯月也就更能代表月亮。

◎甲骨文

◎金文

◎金文

神州大地上无人不会背诵：“举头望明月，低头思故乡。”

明月多远啊，可总归抬头就能看见；故乡并不比月亮更远，却只能思念。故乡似乎只有在远处才显现，像极了在黑夜才亮开的月光。

◎小篆

◎隶书

“月”的引申义

在这枚弯月中，有时还会给它加一短竖，强调它是可以发光的。因此“月”可由月亮引申为月光、月色。“月径”即月光下的小路，“月波”即如水的月光。陶渊明《归园田居·其三》中有：“晨兴理荒秽，带月荷锄归。”“带月”就是以月光为衣带，也即披戴了月色。早起去田中锄草劳作，天晚才乘月色归来，农事虽辛苦，却饱含自然之欣悦，这里有令人羡慕的心境。

月亮在天上的形态，由缺到圆，又由圆到缺，总在进行着周期性的变化，这种目之可见的变化着的月亮形态，叫作月相。新月、满月、上弦月、下弦月等，说的就是月相。以月相入诗，李白《送别》中有：“看君颍上去，新月到应圆。”

月相变化一个周期的时间，古人将其称作一个“月”，这时它为时间单位，一年分十二个月，是谓“月份”。

月影与蟾、兔

甲骨文“月”字中的这个短竖也有另一种解释，指月亮上的斑影。现代科学向人们揭示，这些斑影是月球表面上低洼大平原的反映，以“月海”命名。不过古人眼中的月上斑影要浪漫许多，它是许多神话传说的源头。

在这些传说之中，最典型的是两种动物：蟾蜍和兔子。那为何是这两种动物呢？因为月影就由蟾蜍、兔子两种“象”构成。人们肉眼所见的月上阴影大致分左右两片，左边酷似张开前肢的蟾蜍，而右边则像奔走的兔子。在地下沉睡两千年的马王堆西汉墓帛画中，可以明显地看到一只蟾蜍和一只兔子同在新月之上，且其姿态构形正与月影一致。

除此直观取“象”之外，蟾蜍和兔子也具有诸多与月亮相关联的特征，比如蟾蜍习惯于在夜晚行动，而兔子习惯于在夜晚生育，这仿佛是应了月亮的某种神秘召唤一般。

“月”和“肉”

◎月 楷书

关于“月”，存在一个很有意思的现象：带有“月”的字，绝大多数却与月亮并无关联，而与“肉”有关。这一类作为部件的“月”通常称为“肉月”，比如“肌”“肤”二字中的“月”。

为什么会出现这样的情况呢？这是由于字形相近而引发的混淆。

◎肉 甲骨文

◎肉 金文

◎肉 小篆

“肉”的甲骨文，最初就是一块肉的样子，与“月”其实并不相像。但后来这个字又增添了肉的纹理，字形越来越接近“月”。尤其到了篆文，两者已经区别不大了。这样一来，本来以“肉”为部首的字，大多都逐渐误写为“月”字旁了。

只要想一想人的“肝胆”“胸膛”“脂肪”等这些关于“肉”却写作“月”字旁的字，就明白这种例证很常见。“肉月”多作为偏旁用在字的左侧，少数用在字的下部，比如“胃”“肾”“肩”等。

肉和月对于人而言都是重要的事物，究竟是用来填饱肚子的物质层面的肉更可贵，还是用来仰望的精神层面的月更可贵，这永远是个值得人深思的问题。这样想来，汉字中“肉”与“月”的混淆，就是一个耐人寻味的误会。不管怎样，汉字的历史选择了后者，众多本应是“肉”在场的字，最终都被“月”所取代，这或许也是中国人对月亮的钟情。

从现代天文学角度来说，月亮之所以明亮可见，是因其反射了太阳的光芒。从中国古代哲学思想角度来说，月亮一方面相反于太阳，是“太阴之精”[1]；另一方面却也依附于太阳，两者的关系是“阴系于阳”[2]的。虽然诠释的思路结论不同，但古今之说却在某种意义上殊途同归：月亮仿佛太阳委派的一位代表，补充其隐没缺席时对光明的阐述。换言之，月作为日的另一种表现形式，是暗夜之时光明的代言者。

1 出自《说文解字·月》：“阙也。大（太）阴之精。象形。”

2 出自《五经通义》：“月中有兔与蟾蜍何？月，阴也；蟾蜍，阳也，而与兔并明，阴系于阳也。”

明

月亮携群星出现于夜空的关键意义，是让人们获得了『明』的概念。太阳光芒万丈，反倒容易让人习以为常；漆黑天空中出现的如门似户的亮孔，却让人深刻感受到光明的可贵。

“明”的本义

“明”字的甲骨文，有两种写法：一种用来记录场景，一种用来记录思维。

用来记录场景的甲骨文字形，是在弯月的旁边画了一扇带有格纹的窗户。试想，古时没有灯，夜晚漆黑，屋里四下无光，如果这时候月光忽然透过窗户照进来，可不一下子就亮堂许多。这扇古老的窗户上甚至还有好看的纹理，可见中国的窗棂文化似乎发源甚早。元稹的“谁怜独欹枕，斜月透窗明”，就表达了这样一个寻常而又诗意的瞬间。

◎甲骨文

◎小篆

◎金文

◎隶书

用来记录思维的“明”的甲骨文字形还要更古老一些，它写作左边一个“月”，右边一个“日”，会意日月轮流照亮天空。这就是古人说的“日月相推而明生焉”[1]，它直接揭示了世间光明的根本来源，还暗藏了其表现形式的变化——昼日夜月，光明永不缺席。相较于窗月之“明”所透露出的生活气息，日月之“明”因其所含事理而显得更深刻。

《荀子·天论》中有：“在天者莫明于日月，在地者莫明于水火，在物者莫明于珠玉，在人者莫明于礼义。”这是说，犹如天上日月最光亮、地上水火最光亮、物中珠玉最光亮一样，对人来说，最光亮可贵的是礼与义。礼义如同人德性外显的光辉，能使事理与秩序彰明可见，影响国家的命运。唐代经学

[1] 出自《周易》：“日往则月来，月往则日来，日月相推而明生焉；寒往则暑来，暑往则寒来，寒暑相推而岁成焉。”

家孔颖达对“文明”一词曾有这样的诠释：“经天纬地曰文，照临四方曰明。”

“明”的引申义

由日月之光亮，“明”可引申为白日天亮，“旦”“晓”等时刻便被称为“黎明”“天明”或者“旦明”。由于日月轮转永不失约，暗夜之后总是下一个天明，所以“明”也被用来指“下一个”“次于今年、今天的”，构词如“明日”“明朝”“明年”。王维有：“春草明年绿，王孙归不归？”陆游也有：“小楼一夜听春雨，深巷明朝卖杏花。”

有成语“明日黄花”，用来比喻过时的、失去应时价值的事物，但它经常被错写为臆造之词“昨日黄花”。因为在错用它的人看来，昨日的花，才是过时的、不再娇艳的花，明日还未到，明日之花怎么会过时呢？这是不知“明日黄花”典出自苏轼名句：“相逢不用忙归去，明日黄花蝶也愁。”他跟友人说，既然相逢了就别急着离开，应趁着今日重阳花好尽情游览，不然等到第二天人散花谢，连蝴蝶看了都要发愁了。此例说明，“明日”“昨日”之所指，都不能离开语境中特定的“今日”去理解。

“明”还引申为所有与昏暗无光、蒙昧相反的含义，词性多样，用法广泛。“明”用以言说事物，则围绕着清晰可见、分明可识等含义展开，如“君法明，论有常”；用以言说人，则围绕感官敏锐、内心通晓等含义展开，如“兼听则明，偏听则暗”。

此外，古人还用“明”字来描述人对世界本质的洞察和领悟，例如《道德经》中的“复命曰常，知常曰明”，此中的“明”则是一种超凡脱俗的智慧与境界。

皓月当空，犹如暗夜的慧目；人若有至诚，也似得明月于心间。古人云：“自诚明，谓之性；自明诚，谓之教。诚则明矣，明则诚矣。”

◎隶书

◎楷书

◎楷书

朝

『明』还藏隐于一个字的内部，该字描述了日月交辉的特别时刻，这就是『朝』。

“朝”的本义

◎甲骨文

“朝”的甲骨文，画的是太阳正藏在一片草木丛中蓄势待发，而一轮残月还挂在天空尚未消失的场景。它所描述的时刻不难猜测，就是崭新一日的清晨。清晨是夜晚与白昼之间的过渡阶段，古人以月未落、日将升的意象来表达，其中的哲思与意境，妙不可言。

◎金文

如今的楷书“朝”字，依然延续了这个古老字形，“日”“月”两字都在其中保存完好，“日”字上下两个近似于“十”字的部件，其实是从草木的形象变形而来。

◎小篆

李白在《早发白帝城》中说："朝辞白帝彩云间，千里江陵一日还。"清晨彩云满天，诗人辞别白帝城，千里之遥的江陵一天之内就已抵达。诗人顺水行舟，完成了这趟"朝发夕至"的旅程。

"朝"的引申义

俗话说，一日之计在于晨。清晨，人们随日而动，开启新的一天，起身劳作，收获可期。与"旦"字相似，"朝"也可以用来指"一天"，成语"有朝一日"中的"朝"就是这种用法。

◎楷书

◎隶书

《诗经·卫风·氓》中的"夙兴夜寐，靡有朝矣"，是说女子勤于家务，早起晚睡，没有一天不这样。

古时候，君王理政、接受臣下拜见都在早晨，因此"朝"又引申为臣子觐见帝王，此时它作为动词，读作"cháo"，构词如"上朝""万国来朝""百鸟朝凤"[1]。《满

1 相传凤凰是百鸟之王，因而得众鸟以君王礼仪朝见。旧时喻指君主圣明而天下依附，后也比喻德高望重者众望所归。

◣月未落，日将升

江红》中抒发了作者的爱国热忱：“待从头、收拾旧山河，朝天阙。”意思是，待我从头再来，收复了祖国的旧日河山，再去朝见帝王呈上捷报。

自然地，君王接受朝见、处理政事的地方就叫作“朝廷”，由此“朝”可继续引申为“朝代”“王朝”。

又因朝廷是一国之中心，臣子朝见君王是自各处向国之中心而来，到了君主听政的地方行礼议政也总是面对着君王方向，所以后来“朝”又有了“朝向”之义。所谓“坐北朝南”“四脚朝天”“面朝大海，春暖花开”，其中的“朝”都是这种用法。

“朝”的字形很容易让人联想起“莫”。“莫”为日在草木丛中，而“朝”则是在其基础上增添了一枚残月的形象。但大为不同的是，“莫”字里的太阳是渐渐落入草木丛中的，而“朝”字里的太阳则是即将自草木丛中升上天空的。“朝”“莫”相反相合，以昼夜承启之象，示人以行止转折之机。

望

夜幕之上，没有什么能如明月一样引人注目了。这轮明月还赋予了人们一种特定的姿态——『望』。

“望”的本义

“望”的甲骨文就是一个人站在土墩上举目遥看的样子，人形中眼睛的部分被放大突出且呈竖立状，示意这是纵目远观。到了金文，大眼睛一侧又多加了一个“月”字，示意这个人伫立凝望的正是月亮，或是如月亮一般在高远处的事物。

◎甲骨文

“望”的简体字中，字形左上用一个“亡”取代了那只大眼睛，下面则用一个“王”取代了那个站在土墩上的人，这些改动都与本字的表意出入较大。好在右上位置的这枚明月被保留了下来，让它仍保留了一种高远、明亮的韵味。

◎楷书

◎金文

◎金文

◎小篆

◎隶书

◎甲骨文

因此，“望”的本义即举目遥看、向高远处看，且其中又暗含一种看而不得、可望而不可即的意味，在诸如“望梅止渴”“望洋兴叹”“望尘莫及”等一系列词语中便可得知。

《诗经 · 卫风 · 河广》中有：“谁谓河广？一苇杭之。谁谓宋远？跂予望之。”意思是，谁说黄河宽且广？一只苇筏可渡过。谁说宋国太遥远？踮起脚就能看得见。诗人以此勾勒出一个思乡心切、欲归不能的游子形象，言辞间透出的不是无奈哀伤，而是满满的信念和气魄。

“望”的引申义

由目视层面的“仰视”引申为内心层面的崇敬，“望”就可以表示瞻仰、景仰，即对高尚的德行品性或过人才学而发出的钦慕，《周易》中的“万夫之望”即是此义之用例；而受人景仰便有声名传扬，“望”便还能表示声誉、名声，构词如“声望”“威望”“德隆望尊”“令闻令望”。

由目视层面的“远看”引申，“望”有“看望”“探望”等含义；由于所观“远景”往往代表着令人向往的美好事物，“望”便引申出向往、期盼的含义，就有了“希望”“盼望”“厚望”。

“望”指阴历十五

明月高悬于夜空之上，几乎是世上最引人遥望的事物，尤其是阴历每月十五的这一天，月亮饱满浑圆，漂亮得像一个白玉做的盘子，最是惹人爱怜。古人称此月相为“望”。《周易》中的“月几望”，就是指月亮渐渐盈满接近于浑圆的状态。

阴历十五这天的月亮之所以饱满浑圆，是由于地球处于太阳与月球之间，日、地、月三者连成一条直线，这样的情况每月有且只有一次。古人想，既然这样，便把出现“望”之月相的这天也叫作“望”吧。至少从周代初期开始，人们便将“望”用在了历法当中。继而，阴历十四这天月亮接近月圆称为“几望”，阴历十六这天月已圆过称为“既

望”。《赤壁赋》中的“壬戌之秋，七月既望”，便交代了苏轼与朋友泛舟游赏的时日是在壬戌年的七月十六。

月亮每圆一次，时间也就过了一个月，以此来计算光阴很简单实用。韦应物的《寄李儋元锡》中有：“闻道欲来相问讯，西楼望月几回圆。”意思是，眼睁睁地看着月亮已经圆过了好几回，早就说来看我的人却还没有来。

白居易的《上阳白发人》中则有一场更漫长的等待：“莺归燕去长悄然，春往秋来不记年。唯向深宫望明月，东西四五百回圆。”这说的是一位年少进宫的女子孤寂黯然地度过了余生。她每日独守深宫遥望明月，看它东升西落已圆过了四五百回，算来已有四十多年的光阴。当年入宫时容貌美丽、青春年少，如今却是晚景凄凉。

传说中为月驾车的女神名为“望舒”[1]，便是取十五月圆之象：“望”为月圆，“舒”为伸展，即月自亏缺到圆满的过程。

◎楷书

◎楷书

◎楷书

人在暗夜中仰望明月，往往生起对“圆、明”的凝视与企盼，更还有一种关乎天地的联想：地道方而天道圆，君子行欲方而智欲圆。

---

1 屈原有：“前望舒使先驱兮，后飞廉使奔属。”意即前由月神望舒开路，后又有风神飞廉跟从。

朔

十五之后，圆月在接下来的日子里会一点点变小、变『瘦』。这就是《周易》中的『日中则昃，月盈则食』后半句所言。

“朔”的本义

◎朔 金文

至少从金文起，“朔”就由“屰”和“月”两字左右相合而成。其左部“屰”的甲骨文，像是一个头朝下、脚朝上的倒立的人形，表达反方向的意思。

为什么这样造这个字呢？当然也大有深意。从初一这天开始，之前不断缩小直至不见的月亮即将进入一个相反的过程中来——它在之后的日子里将再度出现于天空，先亮出极窄细、微小的部分，然后再一点点由小变大、由“瘦”变“胖”，渐渐又成为一轮明亮的月亮，仿佛重生一般。

◎屰 甲骨文

如此一来，初一这天，月亮就处于两个相反过程的临界点，过了这个点，月亮就会一反之前的状态而变化。因此，古人把“月”和表示反方

◎朔 小篆

◎屰 金文

向的“屰”放在一处，造了这个“朔”字，用来表达月亮即将开始逆向重生的时日。

从天文学角度来说，朔日这天，月球运行到地球和太阳之间，与太阳几乎同时出没，其未被太阳光照亮的一侧正对着地球，因此在地球上看不到月球的存在。此时，日、月、地三者近似位于同一条直线上，换言之，地球与月球、太阳两者的连线，分别像钟表上指向同一刻度的时针和分针，彼此重合，古人称之为“合朔”。这便是《后汉书·律历志下》中所言：“日月相推，日舒月速，当其同，谓之合朔。”

◎朔 隶书

◎朔 楷书

“朔”的引申义

古人还说：“日月合朔于北，故北方谓之朔方。”意思是，日月合朔之时，两者都位于地球的北方，因此“朔”便引申指北方。“朔风”“朔雪”，即北方的风、北方的雪；“朔门”“朔客”，即北方的边境、北方边地的将领。

《木兰诗》中有：“朔气传金柝[1]，寒光照铁衣。”这是说，北方的寒气之中传来打更声，清凛的月光照在戍边战士们的铠甲上。

杜甫《咏怀古迹·其三》中有：“一去紫台连朔漠，独留青冢向黄昏。”讲的是王昭君从汉宫离开，向着北方塞外无尽的荒漠走去，多年后只留下坟冢青青，独望岁岁无尽的黄昏。

◎朔 隶书

月相：朔、弦、望、晦

◎弦 隶书

初一叫“朔日”，十五叫“望日”，这是一个月中最具有代表性的两天，因此古人就把阴历一个月的时间称为一个“朔望月”。古时，在每月初一和每月十五要进行祭祀，这种祭祀的礼仪叫作“朔望之礼”。

◎望 隶书

◎晦 隶书

[1] 金柝，即“刁斗”，也叫“焦斗”，是古代军中的一种器具，白天可供烧饭，夜间则可敲击以巡更。

朔日以后，这个逆向重生的月亮会一天天长大。当它长到一半也即长成一个半圆形的时候，样子像一张射箭用的弓，圆弧的部分像弓臂，直线的部分像弓弦，这就叫“弦”。

每月上半月的初七或初八，弦月出现在上半夜西面的天空，因此叫“上弦月”。下半月的二十二或二十三，弦月出现在下半夜东面的天空，因此叫“下弦月”。

到了月末的那天，也就是“朔日”的前一天，叫作“晦日”，“晦”是暗而无光的意思，古人用它来表示：这一天看不见月亮了。

这样，月亮每个月从消失到圆满、从圆满再到消失的过程，古人就用“朔、弦、望、晦”四个字总结完毕了。从此，人们就可以根据月亮在天上的形态，方便、准确地来判断和记录日期。这就是先人创造并沿用至今的一种历法，称为“太阴历”或“阴历”。“朔”“弦”“望”“晦”四字所代表的月之特定形态，就称为四种月相。

四种月相不断更替、轮番往复，便是苏轼所说的“月有阴晴圆缺”，对应着世上的“人有悲欢离合”。他在另一首诗中也借着白云峰与明月庵，表达过这样的浪漫想象：“白云何事自来往，明月长圆无晦朔。”

朔、弦、望、晦循环相递，示以世人长夜之内亦有明暗相生与相争——明极而暗长，至暗而明复生。《道德经》中有：“有无相生。”

夕

虽然月亮圆缺多变、隐现有别，但『明』『朝』『望』『朔』之中的月，都是为人所共知的月亮。还有一轮『隐形』的月亮就显得寂寞许多，人们频繁说起它，却往往认不出它，这轮月亮就是『夕』。

“夕”与“月”同源

◎月 甲骨文

“夕”与“月”，在三千多年前的甲骨文中其实就是同一个字，也就是一枚弯月的形象。这枚弯月中是否增添了指事符号的两种写法，后来产生了意义的分化：有指事符号的就演化为今天的“月”，没有指事符号的就发展成了今天的“夕”。因此直到楷书中，“夕”仍旧比“月”少了一画。

◎夕 甲骨文

◎夕 金文

◎夕 小篆

这种分化有其产生的合理考虑：既然“月”表示月亮、表示历法上的月令都深入人心，那么有月照明的这段时间，该如何表示呢？再以“月”来表示多有不便，不如就用这个少了一画的“夕”来指代。这样一来，“夕”便转而成为时间层面的名词。

若将日落月升之时描述得更具体些，就是月亮开始现身的黄昏和月亮当空悬挂的夜晚。

“夕”指黄昏与夜晚

“夕”指黄昏时，有人们常说的“夕阳”“夕照”，有成语“夕惕若厉”“旦夕祸福”，有李白的“朝避猛虎，夕避长蛇”，有范仲淹的“朝晖夕阴，气象万千”。

《论语·里仁》中有：“朝闻道，夕死可矣。”这是说，若早晨闻知了天地至理，那么傍晚在践行中死去也无憾。孔子将人生的意义定位于诚信的品行与高尚的志向，它高于时间的尺度，又超越对生死的恐惧。

“夕”指夜晚时分，也一样常用。牛郎织女鹊桥相会的“七夕”，即指七月初七的夜晚；亲友相聚、万家团圆的“除夕”，即指大年三十的晚上。

◎夕 隶书

久而久之，以“夕”一字同时表示黄昏和夜晚这两个相连的时段毕竟有所不便，后来人们便给“夕”字增添了一个“亦”，新造了“夜”字，专门表示夜晚。“夜”的金文字形，看起来仿佛是一个人把月亮藏在了腋下，制造了一个昏暗无光的黑夜，这听起来既神秘又浪漫。

◎夕 楷书

◎夜 金文

如同“昼”为太阳当空照现，“夕”与“夜”就成为月亮主宰的时之疆域。日月的轮转周行，就在此一昼一夜之间万古复演。古人云：“消息盈虚，终则有始。”

夙

『夕』这枚隐形之月，在一个字里得到了上古先民深情的敬重与礼待，这就是『夙』。

“夙”的本义

◎甲骨文

“夙”的甲骨文，上面是一枚月亮，字形中未带指事符号，也即后来的“夕”字；下面是一个恭敬跪坐的人形，双手向上捧举，似乎有所摆弄或操持。这样，上下两部分合起来就可理解为：天色尚早，残月尚存，而人已早起恭恭敬敬地做事，不敢懈怠。

古人这种仿佛“拜月”般充满仪式感的劳作，我们今天已不易体会，但这种“早”的时间特征与“敬”的心理特征却不难从古字形中读出。因此，后来“夙”字的引申义就沿着“早”与“敬”两条线索展开。

◎金文

◎小篆

◎隶书

◎楷书

“夙”的引申义：因敬而静

人在心怀恭敬的时候，其外在表现总是肃穆安静的，因此夙有“静”之义。

传说，周朝始祖后稷[1]，其母姜嫄是因踩到天帝的脚拇指印而怀孕生下他的。《诗经·大雅·生民》中记述后稷的诞生和成长时说：“载震载夙，载生载育，时维后稷。”这里的“震”和“夙”就表示“动”与“静”。

1 后稷，善于种植各种粮食作物，曾在尧舜时代任农师，教百姓耕种，是最早种稷和麦的人，被后人奉为“五谷之神”。

但“夙”字的这项含义逐渐被另外一个与其同音的字“肃”所代替，“肃”的金文字形像是一人持杖临渊做事情，与“夙”甲骨文字形中一人对月两手操持事务有异曲同工之处，这成为“夙”可通“肃”的基础。在诸如肃立、严肃、肃穆、庄肃、振肃[1]等词中，“肃”都带有因敬而静的含义。

◎肃 金文

◎肃 金文

◎肃 金文

“夙”的引申义：早

“夙”更多用来表示“早”，可以指一日之内的早，即早晨时分。成语“夙兴夜寐”，意即早起晚睡，勤奋不懈怠；“星陈夙驾”，意即在星夜便早早地驾车赶路了；“夙夜在公”，意即从早到晚都为公事而奔波。《尚书·舜典》中有：“夙夜惟寅，直哉惟清。”这是舜帝嘱咐伯夷说：“你要早晚恭敬行

[1] 振肃，即受到震动而敬慎以静。

事，还要正直、清明。”可见早在三皇五帝的时代，中国君王就有了廉政的思想。后世多取这句中的“寅清”二字，作为对官吏的规劝之辞，督促其言行敬谨、持心清正。

一日之内的早还算不得很早，“夙”还可以指昔日、往昔。文天祥《正气歌》中有：“哲人日已远，典刑在夙昔。风檐展书读，古道照颜色。”意思是，古代的圣贤一天比一天远了，但榜样正是如此立于过往的历史中。在临风的廊檐下展开典籍阅读，那其中远古的光辉便闪耀在面前。这里的“夙”“昔”二字含义相当。

◎楷书

再由名词转为形容词，“夙”便指旧有的、早先便是的，换言之就是向来的、平素的。所谓“夙敌”“夙嫌”“夙愿”，意即向来的仇敌、嫌隙、愿望；张岱《西湖梦寻》中的“夙习未除，故态难脱”，是说早先就有的习气没有除去，旧有的状态就难以更改。

◎隶书

“夙”还能不能表示比“往昔”再早一些的时候呢？当然可以。例如在蒲松龄的《聊斋志异》中记述了很多鬼狐精怪与人之间的故事，“夙”字在书中就不少见到。比如“我本陕中人，与君有夙因”“因有夙分，遂得陪从”。因为这部书中的故事情节多半是前世今生的因缘，所以在这些句子里，“夙”往往指“前世的”，这当然是比传统意义上的“往昔”还要早。

◎草书

◎楷书

“夙”字所言之时刻虽仍在夕夜的范畴，但察其字义，实则是人将残夜视作白日的开端，早起行事，敬重辰光。此“早”为时之早，更是践志履道之早；此敬为心之敬，更是知行合一之敬。

名

『夕』这枚隐形之月最不同凡响之处，还在于万物之名皆因它而起——大凡有『名』之物，都披戴着『夕』的夜色。

“名”的本义

◎名 金文

“名”字从甲骨文起便写作上面一个“夕”，下面一个“口”，会意夜晚时分人张口说话。说的什么呢？说的就是自己的名字。

为何夜晚张口说的是自己的名字呢？古时候，人们的住所远远不像今天的城市这样，到了夜里各处依旧灯火通明。上古的夜，四下漆黑，就算有月光，也很难看清。这样，天黑了人如果还在外面走，路上遇到了别的人，为了辨别身份，避免误会，就得互相报上姓名才行。

◎名 甲骨文

◎名 隶书

◎名 小篆

对于未知，人们总是心怀警惕。不仅仅是古时黑暗的夜路之上，即便是像今天在家里，如果有人敲门，我们还得先隔门问上一句：“谁呀？”这就是要求对方报上姓名，等明确了对方的身份和来意，才决定开不开门。而这似乎还能帮助我们理解，为什么问答之“问”，是在“口”字外面加上一个“门”字。

◎问 甲骨文

虽然情境有所不同，但“问”“名”两字的构造思路有相似之处，都记录了远古时代先民生活交往中的警慎之心。

◎名 甲骨文

自报姓名也并非万全之策。为了避免暗夜中可能产生的各种麻烦，后来慢慢形成了对人行夜路的要求。《礼记·内则》中的“夜行以烛，无烛则止”，这是说，若在夜晚行路，一定要拿着火炬，否则就不要外出。

“名”与“字”

屈原《离骚》中有：“皇览揆余初度兮，肇锡余以嘉名：名余曰正则兮，字余曰灵均。”意思是，父亲仔细揣度我的生辰，赐给我美名：给我取名为“正则”，又给我取字为“灵均”。“嘉名”中的“名”义为“名字”，而“名余曰正则兮”中的“名”则用作动词，表示“起名”“命名”。

◎名 甲骨文

◎名 小篆

◎字 金文

屈原提到的取“名”与取“字”，正是我们今天所说的“名字”的来源。现代人往往只有一个“名字”，等同于“姓名”，但古时人们说的“名”与“字”却是两个不同的概念。古人一般是小时候取名，等成年后再择字。古时往往称呼对方的“字”，以示尊重，而“名”则是用来自称以表谦逊的——这也暗合了“名”的造字场景：自呼其名。

古人取名择字，多讲究两者相互解释和补充，名与字意义相互呼应，相得益彰。比如屈原，名“平”，字“原”，“平”与“原”两字的意义是紧密联系的；而屈原的另一名与字——“正则”和“灵均”，则分别是对“平”和“原”的诠释与升华：“正则”寄寓了对帝王君主的尊崇，“灵均”则寄寓了对黎民苍生的关照。这一名一字，就隐喻了其崇高的人生追求。

再如，诸葛亮，名“亮”，字“孔明”，名、字合起来的意思为明亮通达；周瑜，名“瑜”，字“公瑾”，瑜、瑾都有美玉之义，这是寓意谦谦君子，温润如玉；曹植，名“植”，字“子建”，植、建都有树立之义，这是寓意男儿长立，有所成就和建树。

◎字 小篆

每个人的名字都是亲人以无限爱意取的，吉祥而别致。名中之月，形隐而神不隐，它始终饱含光明，照人一生。

◎名 隶书

“名”与“实”

“名”，可以指称一切事物，是谓“名称”。国有国名，水有水名，山有山名，地有地名，衣食舟车、草木鸟兽、日月星辰渐渐都有了“名”。给万物命名，是一件意义重大的事。

《礼记·祭法》中有：“黄帝正名百物，以明民共财。”所谓“正名百物”，就是给万物命名，使各种事物有了名称。这里的“正名”，即依据各种事物的性质，择取恰当的名字，使其“名副其实”。

可见，黄帝给万物定下名称，才能依此治理国家和人民，而这对后世文明的发展也产生了深远影响。不难理解，只有当各种物象都有了内涵清晰的名称，人们才能够产生清晰的认知和判断，进而具备理性的言语和行为。人人都具备了理性的言行，有序的社会人文状态才会出现，这就是“正名”的重要性。

这个道理在《论语》中也有体现。子路曾问孔子，如果卫国请孔子去治理国家，那他打算从什么开始做起。孔子的回答就是从“正名”开始，也就是将事物的名称调整到与其实际相匹配的状态。子路不理解这样做的意义，孔子便解释说：“名不正，则言不顺；言不顺，则事不成。”[1]这是说，如果事物的名称与其实际不相符合和对应，那么说起话来就不会顺畅合理；如果说话不顺畅合理，各种事情也就无法做成。

更深刻的关于“名”的诠释，则出现在《道德经》中，老子曾有极深刻的哲言：“道可道，非常道；名可名，非常

1 出自《论语·子路》。孔子这段话后来就发展为成语“名正言顺”，但其意义发生了一些变化，多指做某事名义正当，道理也说得通。

◎名 楷书

名。”这句话可大致理解为：世间万物都生发于一种规律之中，在本质上是没有不同的，只是形成了各种各样能被感受到的不同外象。由于人们需要通过认识这些外象进而再认识其深层本质，所以给万物“强行”取了“名”——万千事物之名，是本不能“名”而强“名”的。

正因为“名”是这样一种重要的工具、途径，人们借由它来认识各种外象，进而触摸万物本质，所以更不能随意而“名”。孔子的“正名”思想，也正与此遥相辉映、一脉相承。老子说的是根本至理，而孔子是从社会生活层面给人教导。

夕夜黯然，这种难以辨知事物的状态，让人意识到无明、无识的艰难。物既有“名”，然后得以名实相副，得以类序分明，才能有“不行而知，不见而明”的领悟。君子于世，虽身置夕夜之暗，仍能借“名”而求“明”，知万物之不同与无不同，明万象之所别与无所别。

门户 | 門戶

时空亦有呼吸

"门""户"言"位"

试想，日月当空，是否像极了天界的门户？如果天地皆有门户，是否意味着宏大时空也仿佛有呼吸？日、月创造了"时"，门、户则确定了"位"，时位相联，就成了万物运动变化的刻度。有形与无形的门户开开阖阖，贯联着种种可见与不可见的时空，切换着一切已知与未知的情境。春秋之推移，荣枯之更替，福祸之相倚，纷纷往来于此间，呈现着"位"的标尺之功。孔子说："谁能出不由户？"又试问，有谁能见门户的玄机？

门户

无论行至何处，所见皆少不了门。一道道门，洞开于各类围墙垣壁之上，标记出天下无数具体的方位和领域。家有家门，城有城门，国有国门，以至于山川湖海，亦各有它抽象的门。人们每日开关进出，经门往来于各处，人闲不住，门也就闲不住。

中国自古“宅以门户为冠带”，因此每逢吉时喜事，人们除了精心打扮自己以外，也总不忘为家门仔细装点一番——过年迎岁的桃符，婚礼寿庆的楹联，不仅图个好看与热闹，更是向神明讨个吉利。作为一家的吐纳之所，门既是入口和界限，也是资望、地位的象征，数千年历史文化亦凝练贮藏于形形色色的门户之上。

◎甲骨文

“门”的本义

早在远古时代，先民是“穴居野处”[1]的，也即活动于山野，居住于洞穴。生存条件很恶劣，随时到来的狂风暴雨要防，四周游荡的各种野兽也要防。因此，古人常常会在居住的洞穴入口放置一些大石块和一些树枝、木头，来抵挡危险，掩蔽自己。这些石块和木头，就是门的雏形。

◎隶书

1《周易》中有：“上古穴居而野处，后世圣人易之以宫室，上栋下宇，以待风雨，盖取诸大壮。”

时至商朝，门的造型已经与今天相差不远了，这从它的甲骨文便可看出。“门”是典型的象形字，由两扇左右对称的门板组成，每一扇门板又有门轴和门面，有的“门”的甲骨文字形还在上面加一横画表示门楣，造型简明易认。

《诗经·邶风·北门》中有：“出自北门，忧心殷殷。”这是说，我从北门出城去，心中烦闷多忧伤。再如成语“班门弄斧”“程门立雪”“门庭若市”等，其中的“门”，用的都是“门”的本义。

穴居野处

◎甲骨文

“门”的引申义

一家必有门，因此“门”引申为家、家族，构词如“门第”“门风”“名门”“寒门”,《颜氏家训·风操》中有：“笃学修行，不坠门风。”

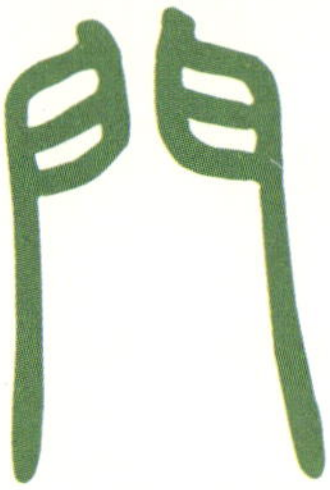

◎小篆

◎隶书

由家族之义，继而引申出宗教、派别，就有了“道门”“佛门”“儒门”“孔门”，门下学生、弟子则称“门人”“门徒”“门生”,《古诗十九首》中有：“昔我同门友，高举振六翮。”

◎楷书

由于不同门第或门派的风格有别，因而“门”还可引申为类别，构词如“分门别类”“五花八门”；继续引申，“门”用作量词，则有“一门功课”“一门艺术”。

“门”还可以指形状或作用像门的东西，比如“灶门”“球门”“脑门”“耳门”“快门”“阀门”。水陆交通道路必经的出入口，其作用或开阖之态也类似于门，因此就有了诸如“玉门”“雁门”“虎门”“江门”等地名。

此外，抽象的义理之中存有领悟和把握它的诀窍，这仿佛是一种无形的入口和途径，古人便也以“门”来形容，这就有了“法门”“窍门”“门道”。至于今人口语中的“有门路”“有门儿”“没门儿”，也是在表达能否找到办成某事的窍门。

“户”的本义

◎楷书

“门”“户”两字如今的楷书简体字形，让人很难看出它们有何关联。但是只要对比这两个字历代的字形，便会一下子明白：原来“户”刚好为“门”的一半，此即《说文解字》中所说的“半门曰户”。“门”字相互对称的左右两部分，正好是一正一反的两个“户”。换言之，单扇门板叫作“户”，而两扇成双对立的门板就叫作“门”。

◎甲骨文

《吕氏春秋·尽数》中有："流水不腐，户枢不蝼，动也。"[1]意思是，流淌的活水不会腐臭，常转的门扇之轴不易被虫蛀蚀，皆是因为运动。"户枢"即单扇门板之轴，不难理解，户扇绕其而动，称"门"不如称"户"来得精准。

◎小篆

"户"的引申义

◎隶书

由门之单扇的本义，"户"可泛指门。《礼记·礼器》中有："故《经礼》三百，《曲礼》三千，其致一也。未有入室而不由户者。"这是说，虽然礼的纲要和细则成百上千，但要旨都在于"诚"，这就仿佛人进屋必要经门而入一样。

---

1 也作"流水不腐，户枢不蠹"。

一家一扇大门，家家各有其门，因此“户”又引申为住户、人家。《周易》中即有“其邑人三百户”的说法。此引申义下的构词有“户籍”“千家万户”“安家落户”“家喻户晓”等。由住户、人家又可引申为门第、家族，表达此含义时，其常与“门”同义连用。如家境贫寒，称为“蓬门荜户”；富贵人家，称为“高门大户”或“朱门绣户”；形容结亲的男女双方家境相匹，人们会说“门当户对”。

“门当”与“户对”

“门当户对”，望文生义即门户相当可匹配而成一对，这解释正确却不唯一。因为“门当”“户对”其实还是中国传统建筑中常见的两样东西。

门当，是古时门口相对放置的一对扁形石墩或石鼓，由于其处于院门最前端，故而称“门当”。门当常用石鼓，是因鼓声威如雷霆，古人认为其能避邪魅、挡灾患。

户对，是置于门楣上方或两侧的柱形木雕或砖雕，因一般成双而设，故而称“户对”。它们平行于地面，其上多有祥瑞图案。

门当与户对，既有固定大门的实用性价值，也有标志封建门第等级的象征

◎楷书

作用。门当之形制，户对之数量，旧时都有严格的规定，包含了丰富的门第信息，因此，不必“升堂入室”，远观“门当户对”即知这是何等人家。

◎门 金文

◎户 楷书

户大则家大，家大必由大器量之人所成。古时常以酒量见人之才识、器量，因此又借“户”特指酒量。白居易有诗云：“户大嫌甜酒，才高笑小诗。”意思是，酒量大的嫌弃甜酒的酒劲儿不够大，才学高卓的人嘲笑小诗的内涵不够深刻。

带有“门”“户”之字，往往隐含着位序变通的道理。一处一域有其地理之方位，一家一族有其社会之地位，君子能否经世济民，还取决于其看不见的“德位”。古人云：“不患无位，患所以立。”

开

门之为用，又非仅以『户』之双立而成——门上增『一』为『闩』，方可行『开』阖之事。『开』之为字，依『闩』而造。

渔翁半醉斜阳里，
闩了柴门下钓船。

在一些中国传统建筑中，常见内有很长木闩的大门。“闩”，就是在“门”中增添一横，这一横显然就指横插在门内，使门从外推不开的木棍。《桂海虞衡志》中有：“闩，门横关也。”“闩”，本为名词，构词如“门闩”“上闩”；将其用为动词，即指给门上闩的动作，构词如“闩门”。林泳《建溪道间》中有：“渔翁半醉斜阳里，闩了柴门下钓船。”

◎小篆

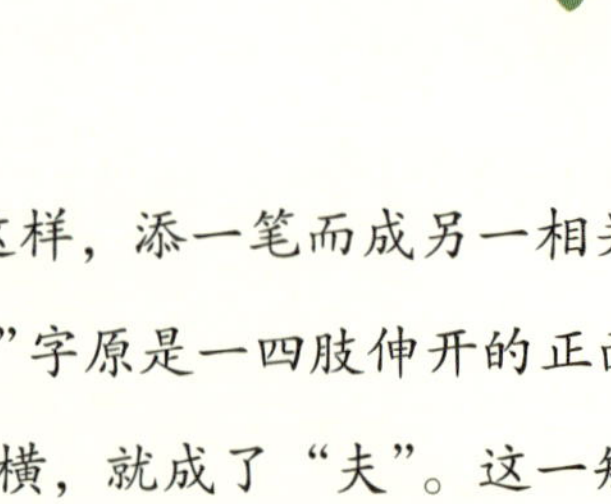

◎隶书

添“一”成字

像“门”“闩”两字这样，添一笔而成另一相关字的情形很常见。比如“大”与“夫”,“大”字原是一四肢伸开的正面站立的人形，若在其上面的位置添一短横，就成了“夫”。这一短横表示一根簪子，但它并非女子所用，而是男子用以束发的。古代男子二十岁时要行加冠礼，就是将头发盘成发髻，再别起发簪、戴上帽子，表示其已长大成人，此即“夫”[1]字所言。再如“本”“末”二字，皆是由“木”字增一横而成，前者代表树根必先生且为主，后者代表树梢必后长且为次，因此不可“本末倒置”。又如“旦”与“日”、“口”与“曰”、“弓”与“引”、“乌”与“鸟”、“刀”与“刃”、“月”与“夕”、“止”与“正”等，同属此类。

“开”的本义

“开”便是一个依“闩”而造的字，但若只看楷书简体“开”，却很难看出两者有何关联，而看它的战国文字则会使人一目了然：“闩”字加一双手，明确表达了拉动门闩、把门打开的含义。此字形一直保留至楷书，写作“開”，但至于简体字“开”，其外面的“门”被减省去，表示门闩的一横与其下的双手，就合体简化为“开”。

“廾”

“开”字中向上举起的两只手的形象，到了楷书中变形为“廾”，意即两手捧物。它多作为部件构成一些合体字，

◎战国文字

[1] 因为周制以十尺为一丈，男子成年身长八尺，接近一丈，因称“丈夫”。

且所构之字都与两手的动作有关。比如，“弄”，是两手捧玉把玩；“弈”，是两人相对手执黑白子下棋；“算”，是两手执竹枝、细棍以计数；“异”，是两手戴奇怪之物于头上；“戒”，是两手持戈警惕备战。

“开”的本义就是打开门，使关闭的门不再关闭。《木兰诗》中有：“开我东阁门，坐我西阁床，脱我战时袍，著我旧时裳。”这是说，木兰归来以后，高兴地在家里东瞧西看，一会儿打开闺房门，一会儿坐上闺中床，脱去打仗的战袍，换上姑娘家的衣裳。

“开”的引申义

类似于门之开闭，许多有两种对立状态的事物也可以“开”言之，且这类应用场景非常广泛。比如，灯有亮与不亮、锁有锁上与解锁、书有翻开与掩卷，因此有“开灯”“开锁”“开卷”。诸如花朵、孔雀的尾羽、人的眉毛，都有舒展与不舒展两种状态，因此花有“开花”、孔雀有“开屏”、人有“眉开眼笑”。再如，水有冰冻与融化两种状态，所以冰融化成水可以叫作“开”，正如《九九歌》里所咏：“七九河开，八九雁来。”液态的水还有沸腾与否的两种状态，因而也能叫“开”与“不开”。事物、空间由不通到通，也可称“开”，比如李白的“天门中断楚江开”，意即仿佛是楚江怒涛击穿了峦嶂，撞开了“天门”，才使其断为两山。同样，在思想、精神上，从

一种未疏通到疏通的状态，也可称为“开”，这个过程称为“开解”或“开导”；疏通以后人的状态，则是“开明”“开朗”“想得开的”。

開

◎楷书

门的打开是出入之事的起始，因此“开”还引申为起始，构词如“开始”“开端”“开局”。将其用为动词，用以描述各类事件或时段的开启，就有了“开学”“开业”“开春”“开工”“开会”“开车”“开店”等。某些解除、清零的动作，也可视为一种重回起始状态的动作，因此“开”还引申为解除、清零，构词如“开除”“开释”“开脱罪责”。

门户之言位，以开而象得位之发端。君子正其身行，得其应得之位，通万物之志，明万事之理，方可谓“开物成务”。

辟

门户始『开』，继而为『辟』。所谓『开辟』，浑言之两字相当，析言之则又有先发后动之别。

“辟”的本义

◎金文

“辟”的楷书简体字形看起来跟门毫无关联，不过往前追溯，它确实与“门”有关，此时“辟”，读作“pì”。与“开”字相似，“辟”的金文字形，也是“门”字之下有一双手。所不同的是，“开”字中的双手上方有表示门闩的一横，而

◎金文

◎隶书

在“辟”字中，这根门闩则消失不见了。显然，这是有人已取下门闩，正打开门的双扇。

◎隶书

如果仔细观察金文字形里的这双手，还会发现左手与右手似乎在朝相反的方向用力，这正是人推拉左右门

扇时动作的写照。这个字形简单形象，可惜却并未得到保留，篆文以后，“门”字里的这双手被“辟”所取代。后来又经简化，连“门”字也被省去，只留下“辟”孑然一身。

◎小篆

◎楷书

◎楷书

◎楷书

“辟”的本义即以双手开门。《周易》中有：“阖户谓之坤；辟户谓之乾；一阖一辟谓之变；往来不穷谓之通。”[1]大意是，以门户关闭之事来喻象“坤”，以门户开启之事来喻象“乾”；一开一阖之间就有了乾坤之交变，阴阳二气互动往来，通达无碍。

[1] 句中“阖”“辟”二字互为反义词，“阖”即关上。

“辟”的引申义

由以双手开门之本义，“辟”引申为开发、开拓、开辟，构词如“开天辟地”“鸿蒙初辟”[1]。《吴子·图国》中有：“辟土四面，拓地千里。”意即向四面拓张领土多达千里之远。

在开发、开辟某种事物之后，就有机会深入到事物的内

[1] “鸿蒙”，是天地开辟前的一团混沌的元气；“初辟”，即刚刚开拓出来。

部，因此“辟”还引申出深入、透彻的意思。称某人言谈“精辟”，就是指其对问题分析得很精准透彻。成语“鞭辟入里”，意即鞭打触及到衣服的最里层，形容做学问很切实，也形容分析透彻，切中要害。

开发、开辟得来的总是新事物、新领域，伴随有一种对旧事物的清扫与排斥，因而“辟”还引申为驳斥、驱除，构词如“辟谣”“辟恶”。胡安国《春秋传》中有：“尊君父，讨乱贼，辟邪说，正人心。”意即尊崇天子君上，讨伐贼子乱臣，驳斥歪理邪说，匡正人民心志。

◎甲骨文

“辟”之本源

“辟”，因其有独立于开门之事以外的字源、表意线索，所以它是一个具有多音多义的字。

“辟”的甲骨文，是由“卩”和“辛”两部分构成，“卩”本是一个跪着的人形，“辛”是一把大刀，两者组合在一起就描绘了一个对犯人行刑的场面。有时，在

◎甲骨文

此基础上还会增添一个“口”字，表示以口讯问或谴责犯人的罪行，而由此三部分构成的字形，就一直延续至楷书。对犯人讯问行刑之所依，无外乎法律、法度，因此“辟”的本义就是法。表此本义时，它念作“bì”。

◎金文

◎楷书

古时君王往往是法的制定者，因此“辟”又引申为君主。《诗经》中的“皇王维辟”，意即周武王有帝王风范；史书中的常用词“复辟”，意即失位的君主恢复帝位。

门户之言位，以“辟”而象进位之乘势。君子善继人之志，述人之事[1]，承前启后，因势而利导之。古人云：“士不可以不弘毅，任重而道远。”

[1]《礼记·中庸》中有：“夫孝者，善继人之志，善述人之事者也。”

关

凡门，有张就有阖，能开便可『关』。

◎楷书

“关”的本义

同“开”“辟”一样，在“关”的楷书简体字形中，也不见门的影子，但它的金文字形，说的却是与门有关的事：外面是一个“门”字，门中有两条接近平行的竖线，两条竖线上又各加了一个小点。这竖线和小点分别代表什么呢？

◎小篆

◎隶书

如果你见过中国古代建筑里的那些老式木门，那么这个“关”字就足够引发你的联想了。在有些木门的内侧，会各竖立两根长长的木棍紧贴在左右两扇门板上，其一方面可以用作拉门的把手，另一方面又可以在上面各凿出一个孔，用一根木棍横着穿过这左右两孔，门就从里面关紧了。

◎楷书

◎金文

这种木门闩锁的构造，正是“关”的金文字形所要示意的——“门”中的两条竖线，表示这两根竖立着的木棍，而其上的两个小点，就表示左右两个用来插闩的孔。因此“关”的本义就是门闩，与“闩”字相仿。只不过相较而言，“闩”所强调的是闩门的那根横木，而“关”所强调的是闩柱及闩孔的结构。

郑燮有诗云：“山门破落无关锁，斜日苍黄有乱松。”意思是，这山寺破旧得连大门闩锁也没有，暗黄的斜阳中有一树树恣意生长的古松。

“关”的引申义

门闩是用来掩闭门户的，“关”因此引申为闭合、掩闭，构词如“关闭”“关门”“关窗”，此时其与“开”互为反义词。

叶绍翁《游园不值》中有：“春色满园关不住，一枝红杏出墙来。”这枝红杏泄露的消息，是春色循着无形的天地之门而来，小小柴扉是关不住的。陶渊明《归去来兮辞》中有：“倚南窗以寄傲，审容膝之易安。园日涉以成趣，门虽设而常关。”这简陋狭小的住处已让诗人满足而欢喜，院子虽然设有小门却不常开启，外界的喧嚣被挡在了门外。

门闩控制着门的闭合与张开，是控制往来出入的重要部件，因此古人也把交通要道上的要害处称为“关”，所以“关塞”“关河”“关防”都是出入境必经之门户、要塞的意思。

中国历史上有几处著名的关塞，比如玉门关，是汉代设立的通往西域各地的门户，王之涣有名句：“羌笛何须怨

◎金文

杨柳，春风不度玉门关。”这是说，羌笛之哀怨，杨柳之离愁，都是一言难尽的，但更深邃的无奈，是春风自古吹不到玉门关外。这句诗几乎写尽了边塞战士生死无人问津的苍凉与悲哀。在玉门关之南，还有著名的阳关，它是丝绸之路南路必经的关隘，王维《渭城曲》中有：“劝君更尽一杯酒，西出阳关无故人。”再多言语也都凝入一杯酒水中了——向西出了阳关之后，就难以遇到故人了。

◎楷书

不仅是交通要塞以“关”言说，骨骼之间的连接处，就仿佛人体中的一处处要塞，因此叫作“关节”；决定事情能否成功的紧要节点，叫作“关键”“难关”“紧要关头”；启动和制动机械设备的关键性组件，或行政组织中起枢纽作用的机构，叫作“机关”。

此外，门闩能够贯穿两扇门板，它可以使得两扇门由分离变为联结，因此“关”又引申出涉及、牵连的含义，构词如“关系”“关联”“关涉”“息息相关”。郑燮《墨竹图题诗》中有：“衙斋卧听萧萧竹，疑是民间疾苦声。些小吾曹州县吏，一枝一叶总关情。”意思是，在衙门里休憩时听见风临竹叶萧萧作响，恍惚间像极了百姓啼饥号寒的哀怨声。我等虽然只是州县小官[1]，但良知与同情都被百姓的一举一动所牵动。诗里的“关情”即牵涉内心、牵动感情。其实，人们平日常说的“关心”“关怀”，也是从这里延伸出来的——“关心”即牵涉于心，“关怀”就是牵动情怀。

◎隶书

◎楷书

门户之言位，以“关”而象交通之要害。山川有其险隘，人身有其咽喉，天地亦有其枢纽。君子修身进位，须明要领，才能行己有方，事半功倍。

1 郑燮时任山东潍县县令，诗中所言，体现其对百姓疾苦的关心与同情。

闭

门既『关』，还能复加巩固以『闭』之。虽人常连言『关闭』为一词，但两者尚有力度之不同。

“闭”的本义

◎金文

“闭”始见于金文，字形也很简单，就是门中有个横短竖长的十字形。十字形里的一横当然就是指一根插门的横木，也就是门闩；这一竖，也许是指两扇门合紧以后的门缝，但更可能代表的是用来加固门闩的木桩。从前在乡下，常见有老人在闩门时，除了给老房门插上门闩以外，还会在门闩与地面之间斜着支起一根比较粗的木桩，紧紧地抵住门。“闭”之金文构形就会让人想起这样的情景。后来，“门”中的这个十字形发展为“才”，并一直沿用至今。

◎小篆

◎隶书

◎楷书

因此，“闭”的本义是上闩加固关紧门，较之于“关”，更强调牢固的程度。

李清照有词云：“萧条庭院，又斜风细雨，重门须闭。”意即庭院冷冷清清，又遇着刮风下雨，须把一层层的院门都关紧才是。范仲淹《渔家傲·秋思》中有：“四面边声连角起，千嶂里，长烟落日孤城闭。”这是说，号角响起，四面传来边地的悲凉之声。荒烟落日，层峦叠嶂，孤零零的城门紧紧关闭。再如，“闭门谢客”，就是关起门来不接待客人；“夜不闭户”，是指社会治安好，夜里睡觉不关门也无须担心被盗。

无论是“重门须闭”“孤城闭”，还是“闭门谢客”“夜不闭户”，如果把其中的“闭”换成“关”，就都体现不出那种要主动把门关紧、不受外来干扰的强烈意愿或情绪，表情达意的效果就暗淡、逊色了一些——这里有字学之妙，也有古人炼词用字的严谨高明。

萧条庭院，
又斜风细雨，
重门须闭。

“闭”的引申义

一些可以像门一样关上、合拢的事物，也可以用“闭”，比如“闭关”“闭嘴”“闭眼”。门关上了，象征着一种结束，所以又有了“闭市”“闭会”“闭幕”。由于这些词用的是“闭”而非“关”，所以它们都带着一种彻底结束、不留余地的意味。“闭关”即坚决不出来露面，“闭

嘴”即一个字也不许再说，“闭幕”即所有活动彻底结束。

继而，由关上、合拢之义，“闭”又引申为遮挡、掩盖、封锁。纳兰性德有诗云：“谁念西风独自凉？萧萧黄叶闭疏窗。”这是说，谁惦念着这个在秋风中清冷独立的人呢？只见片片黄叶翻飞遮掩了花窗。杜甫《西山三首》中有：“烟尘侵火井，雨雪闭松州。”意即荒烟尘土已侵入火井县，风雨冰雪牢牢封锁了松州。成语“闭月羞花”[1]，“闭月”即云遮月，形容的是中国古代四大美女之一的貂蝉，意即貂蝉之美，足以让月亮见了她都要因羞惭而躲到云后。

成语“闭门造车”至今仍被人们用到，但又常常用错。如果直接根据字面意思来理解，其词义即关起门来造车，似乎言外之意是，关起门来就是不管外面世界的实际情况如何，这样造出的车恐怕就没法用于实际生活。顺着这个思路来理解，它如今多用来比喻一个人做事只凭主观臆断，不考虑客观实

1 “羞花”形容的是中国历史上的另一大美女杨贵妃，意即花儿见到她都因害羞而低下了头。

际，是贬义词。但这还真是一个由来已久的误会，它最初的含义完全不是这样的。“闭门造车”语出朱熹的《中庸·或问》，原句为：“闭门造车，出门合辙。”这是说，只要按照统一的规格，即使关起门来制造车辆，使用起来也能和路上的车辙完全相合，因此它其实是讲法度的价值和规矩的力量。人们多不知其上下语境，就曲解了这句话。

古时道路早先都是土路，经过车轮反复碾压，会形成与车轮同宽的车辙。车辙，即车轮在地上轧出的痕迹。车轮在已压硬的车辙上平稳行进，能减少长途运输中马车的畜力消耗和车轴磨损。在秦始皇统一中原之前，列国没有统一制度，各地马车大小、车辙宽窄也都不一样。因此六国统一以后，为了降低商旅辎重的运输成本，秦朝就制定了“车同轨”的法令，将车轮间距一律改为六尺宽。这项法令，也就成了“闭门造车，出门合辙”的制度前提，即不用出门看车辙，也知道要造多宽的车。

◎隶书

◎楷书

可见，今天“闭门造车”的用法，其实是后人的断章取义和望文生义，误用久了就变成约定俗成了。这种现象在成语的使用中很常见，比如“空穴来风”“昆山片玉”“明日黄花”等，很多人惯用的意思都违背了它们的本义。诚然，语言用法的流变，背后是有复杂的社会学动因的。纠正这种被误用的“约定俗成”并非深研字词之初衷，但了解其中所包含的正误、是非之原委，知其然，知其所以然，就更能助益我们领略中华文化之魅力。进此一寸，有益无害。

门户之言位，以“闭”而象守位之固护。君子坚定其志，守正不移，心如城池，固若金汤。古人云：“择善而固执之。”[1]

---

[1] 出自《中庸》：“诚之者，择善而固执之者也。”

扇

以上诸字所言，皆为门户开阖之事。门户能作此用，皆在于有『扇』依枢而立，以控往来出入之动。

“扇”的本义

“扇”字的构成，是“户”下一个“羽”，这个字至少从战国时代起就这样写了。“户”表示门板，“羽”表示鸟类的羽翼、翅膀，这两部分合而会意：如鸟翅般可反复开阖、振动的门板，也即“门扇”。换言之，“扇”是对“户”的一种更具体的描述，是以鸟翅来比喻它的运动特征。

◎战国文字

◎小篆

◎隶书

◎楷书

唐代诗人司空图有“燕依户扇欲潜逃”，意即燕子停在近门之处，等候门开飞逃的时机。“户”“扇”两字显然是同义连用。贺铸《蝶恋花》中有：“小院朱扉开一扇。内样新妆，镜里分明见。”意思是，院中一对红色的门扉只开了其中一扇，姑娘正对着镜子画着宫里时髦的妆容。

“扇”的引申义

由门扇的本义，“扇”字逐渐作为量词，用于计数，一张门板便称“一扇门”，对开的一对门扉称为“双扇门”。此后，像门一样能开能阖的扁平之物，也常以“扇”来计数，比如“一扇窗”“一扇屏风”等。

“扇”还引申为扇子。缘由不难想象：扇子扇风是要反复摇动的，而门也是绕着门轴反复开阖的，两者具有相似的特征。

班婕妤《怨歌行》中有：“新裂齐纨素，鲜洁如霜雪。裁为合欢扇，团团似明月。”这是说，刚裁好的齐地上好的丝绢，像霜雪一般洁白无染；用它缝成的团扇，像一轮浑圆的明月。晏几道《鹧鸪天·彩袖殷勤捧玉钟》中有：“舞低杨柳楼心月，歌尽桃花扇底风。”意思是，回想当年我和你是何等的欢乐，唱歌跳舞，直到月亮也从柳树梢头上去又落下，直到再没有力气去挥动手中的桃花扇。

小院朱扉开一扇。内样新妆，镜里分明见。

扇

◎楷书

除了用于扇风取凉或者作为歌舞道具的扇子，古时还有一种用于帝王仪仗中的长柄大扇，叫作“障扇”或“掌扇”，用以障尘蔽日和宣示威仪。

扇

◎楷书

继而，“扇”还引申为摇动扇子，或者摇动类似扇子的片状物，此时它念作“shān”。虫鸟振翅，可以说“扇动翅膀”；人们说“扇扇子”，第一个扇念作“shān”，即摇动扇子的动作，第二个扇念作“shàn”，则指扇子本身；成语“温枕扇席”，意即侍奉父母无微不至，为其冬日以身暖枕，夏日扇风凉席。另外，人手摊开后也呈扁平片状，且手之于人很像翅膀之于禽鸟，所以挥手打人的动作也可称“扇”，这就有了“扇人耳光”的说法。

“扇”与“扉”

与“扇”本义相当的字，还有一个“扉”。扉，是“户”下一个“非”，字形是从篆文延续至今。“非”是个轴对称的字，它本是一对两侧张开、左右对称的翅膀，与

“户”合而会意：像翅膀一样成双对开的门扇。本质上，扉与扇没有什么不同，只是对“户”字的进一步诠释。但细究起来，“扇”更强调门扇转动、开阖的特性，而“扉”则偏重强调门扇往往成双对开的特征。

由于“扇”字后来多被扇动、扇子等含义所占据，门扇的本义就多用“扉”来表达，后者也逐渐成为“户”的美称。叶绍翁有：“应怜屐齿印苍苔，小扣柴扉久不开。”因为“扉”是门户的美称，所以类似于门扇的东西也常形容为“扉”，比如“窗扉”“船扉“心扉”，而像门扉一样需经由它才能进入一本书的那一个单页，就称为“扉页”。

◎隶书

门户之言位，以“扇”而象出入之周旋。门扇有开阖，若羽翼之张翕，若天地之交变。日月东行，江河西起，斗转星移，皆依此理。

◎小篆

◎楷书

间

即使两『扇』左右旋闭，也并不能完全合为一体。有一物其名为『间』，隐然列于中位。

“间”的本义

“间”字如今写作“门”中一个“日”，“日”是太阳，那这个字是表示开门见日吗？观其古字形，就知情况并非如此。

◎金文

◎金文

“间”字最早见于金文，它是一幅颇有意境的简笔画：下面是两扇对开的门板，也即“门”字，在其正上方有一枚月亮，也即“月”字。后来，字里的这枚月亮[1]被人换了个位置，放在了“门”的中心。这种构形是

◎小篆

在表达什么含义呢？它表达的其实就是可以从门内看到月光，但此门还特指关闭状态的门，意在说明两扇门板之间留有缝隙。因此，“间”的本义即指门缝。《史记·管晏列传》中即有“从门间而窥其夫”的表述，这里用的就是“间”的本义。

---

1 事实上，在“间”的战国文字字形中，“月”被写为与其同源的“夕”字，但其在此处仍然表示月亮。

◎隶书

◎楷书

◎楷书

这个“门中有月”的字形最终被改为“门中有日”。这种改动似乎令人感到遗憾：一方面，古人早就发现月亮有时圆有时缺，而且月圆时短，月缺时长，所以古人造字时画的是缺月，也就是说，“月”字本身就含有“缺”的意味。因此，“门中有月”即门中有缺，用以指两扇门板之间有缺隙。把“月”替换成“日”，就失去了这种意味。另一方面，太阳高升到中天，光芒无所不至，要说需从门缝中看它，就显得不合情理。相比之下，月亮温柔含蓄，反倒更适合从门窗缝隙中偶然瞥见。

这个字让人联想起苏轼《虞美人》中的两句：“波声拍枕长淮晓，隙月窥人小。”这是说，淮河水波阵阵，近得好像拍打在了枕头上，拂晓不觉，天上一弯小小的残月，透过船篷的缝隙在偷偷地看我。苏轼和他的学生秦观依依惜别，一夜都没睡好，明明是他无眠望月，却说月亮在偷看它，可谓童真而多波声拍枕长淮晓，隙月窥人小。

情。这句“隙月窥人小”，可以说是对“间”字的极好诠释，仿佛复刻了先人观象造字时灵感忽来的一瞬。

“间”的引申义

由门缝之义引申开来，“间”就泛指缝隙，构词如“间隙”。人们在形容两人关系非常好时会说“亲密无间”，意即两人总在一起，没有嫌隙。庄子在讲述“庖丁解牛”之事时说：“彼节者有间，而刀刃者无厚；以无厚入有间，恢恢乎其于游刃必有余地矣。”[1]意思是，那牛的骨节有间隙，而刀刃很薄；用很薄的刀刃切入有空隙的骨节，那么刀刃的游走定然是宽绰而有余的。

[1] 这段话也是成语“游刃有余”的出处，它用来形容人的技术高超熟练，做事轻而易举。

两物之间有缝隙，说明彼此是相互隔开的，因此“间”引申为隔开，构词如“间隔”“间断”。诗言“京口瓜洲一水间，钟山只隔数重山”，句中的“间”“隔”两字意义相当；所谓“黑白相间”，即黑白两种色彩依次隔开出现；用心机使得人心相互隔开、疏远、不和睦，即是“离间”之举。同样，“间”还可引申为秘密地、悄悄地。偷偷地走小路叫作“间行”，《史记》所载陈胜“又间令吴广之次所旁丛祠中”[1]，是说陈胜隔开众人秘密地行事，暗遣吴广演了一出狐说人话的戏来俘获人心。

带“间”的字

以“间”为部件的合体字，多是取其“中间”“当中”“间隔”的含义。例如，“涧”为“间”加“水”，意即夹在两山之间的水沟或溪流；“简”为“间”加“竹”，意即竹片相互间隔而编连成册；“裥”为“间”加“衣”，意即布衣之上高低相间的褶皱；“锏”为“间”加“金”，意即置于车轴与车毂[2]之间以减少摩擦的铁条。

1 出自《史记·陈涉世家》。

2 旧时车轮中心的圆木，周围与车辐的一端相接，中有可以插轴的圆孔。

因为缝隙只可能出现在两件事物当中或者一个整体的内部，因此“间”还引申为当中或内部，此时，它读作“jiān”。比如“天地之间”，即介于天地两者当中。王之涣《凉州词》中的“黄河远上白云间”，意即黄河好像是从天上白云中奔流而来的。这里的“间”指的是处于某处空间的内部。苏轼《念奴娇·赤壁怀古》中有：“谈笑间，樯橹灰飞烟灭。”这是说，周瑜用几声说笑闲谈的工夫，就让八十万曹军灰飞烟灭了。这里的“间”指的是处于某段时间的内部。言及此处，似乎已触探到了“空间”与“时间”两词的由来，这也是汉语妙不可言之处。

◎间 楷书

◎间 隶书

◎间 隶书

“间”与“闲”

“间”还由缝隙的本义引申为两件事之间或两个时段之间的空隙，也即“空闲”“闲暇”。由这两个词即可看出，“间”的这种含义，很早便借用“闲”来表示了。

“闲”字写作“门”中一个“木”，它表示门前有木遮拦，本义即木栅栏，用为动词，表示防御、防范。“闲”还可引申为限制、约束，《左传》中的“闲之以义”，意即以道义来约束。继而，“闲”可引申为道德范畴的举止界限，如《论语》中的“大德不逾闲”，意即在德操大节方面是不能越界的。但它的这些引申义和用法很早便退出了主流，原因就在于它被借用为“空闲”之“闲”，而其木栅栏的本义，则用另一个与它同源的字“阑”来充当了。

◎闲 楷书

◎间 隶书

◎间 楷书

门户之言位，以“间”而象定位之中央。间之中位既定，则上下内外皆备矣，万物分合聚散之理明焉。古人云：“致中和，天地位焉，万物育焉。”

闪闯

『间』象中位，透此可观内外之别。若将门中的日月之光换为人影与骏马，就成了分言内外的『闪』『闯』二字。

“闪”的本义

“闪”字最早见于小篆，字形与现在一样，也是“门”字中间有一个“人”。这个人在做什么？古人说，这个人正透过门缝往外偷看呢。古有“窥闪”一词，就是窥视、偷看的意思。虽然这个词现在已经很少见，但它很好地启发了我们：在门缝中偷看的人，肯定是一边露头偷偷地打量，一边又准备随时快速地躲起来，这可能才是“闪”的本义。

◎小篆

◎楷书

◎隶书

因此才说：闪，是门缝中快速掠过的人影。一开始这一闪而过的是个偷看的人，后来，只要是快速掠过，都叫作“闪”了。

“闪”的引申义

由其本义出发，“闪”引申出两种含义。

“闪”的第一种含义可以这样理解：有人扒着门缝偷看，总是怕被发现，于是他一会儿紧贴门缝，一会儿闪躲。如果从门外的视角看去，这个人就是忽隐忽现的，是突然出现又迅速掠过。同理，当别的事物有这种突然显现、迅速掠过、忽隐忽现的状态时，也可以称作“闪”。最典型的，比如“闪电”之所以称“闪”，就是因为它出现得极快，也消逝得极快。因而人们用“电闪

雷鸣”来形容快速有力地传播和推进。某种快速出现的想法、念头，也能叫作“闪”，人们会说脑中“闪现”了一个念头，或者说“闪念之间”。

接下来是“闪”的第二种含义：还是设想有人正扒着门缝偷看着什么，忽然发现有人来了，眼看就要被发现了，这时他会怎么办呢？当然是赶快缩回身子躲藏起来。这样一来，身体猛然晃动，也可以叫作“闪”，构词如“闪躲”“闪避”“闪开”。口语里说人摔跤跌倒叫“闪了一个跟头”，动作过猛而扭伤了腰叫“腰闪了”。事物光影的晃动也能叫作“闪”，构词如“闪烁”“闪亮”“闪耀”。柳永有词云：“望中酒旆闪闪，一簇烟村，数行霜树。”这是说，看岸上的酒旗在风中摇动飘舞，炊烟萦绕着一座村庄，冷霜披裹着几行树木。

“闯”的本义

◎小篆

与“闪”字的倏然一瞥不同，“闯”之所言是猛然夺目的一幕。

“闯”是“门”中一个“马”。这个字始见于篆文，刻画的场景能让人一目了然，即骏马出门。高头大马，出门时头先伸出去，马蹄后跟进，所以古人以“闯”字来表示出头的样子。表此本义时，它念作“chèn”。韩愈《南山诗》中有：“喁喁鱼闯萍，落落月经宿。”意即有的山像群鱼张口，在浮萍之间冒出头；有的山大小疏落，像月亮行经二十八宿一样。不过这种读音和含义在现代汉语中几乎已经舍弃不用了，而更为常用的，则是读音为“chuǎng”的几种引申义。

“闯”的引申义

高头大马出门来，一定是突然进入门外者的视线，因此“闯”引申为突然进入。例如“闯进视线”“闯进门去”；刘克庄有词云：“无端霜月闯窗纱。唤起玉关征戍梦，几叠寒笳。”这是说，秋月忽然就移入窗内，让人唤起戍守边关、征战沙场的梦想，也让人仿佛听到边塞寒夜中悲凉的胡笳声。

马体格健壮，最擅长奔跑，出门必将提速狂奔起来，“闯”便又引申为猛冲、鲁莽横行，构词如“闯关”“闯

祸”。未受主人邀请就径直坐上酒席的行为，称为“闯席”；战斗中冲锋陷阵、进击时无所畏惧的将领，叫作“闯将”。熊亨瀚《亡命彭泽》中有：“忧国耻为睁眼瞎，挺身甘上断头台。一舟风雨寻常事，曾自枪林闯阵来。”国难当头，谁能对敌寇横行熟视无睹呢？为了家国山河，头可断，血可流。如今像小船一般在风雨巨浪中飘摇颠簸也算不了什么，因为我们热血男儿都曾经在枪林弹雨的战场中无畏冲锋、九死一生。

◎闯 楷书

◎闯 隶书

◎闪 楷书

正如骏马要出门在外驰骋一般，人也要离家远走、外出打拼，因此“闯”还引申出外出谋生、历练打拼的含义，构词如“走南闯北”“闯荡江湖”。

门户之言位，以“闪”“闯”而象行藏[1]之内外。“闪”为藏于内，君子藏器于身，内求于己；“闯”为行于外，君子经世于外，行道扬名。

[1] 出自《论语·述而》：“用之则行，舍之则藏。”

扁戾

以中观之，可分内外，亦可明上下。若把『门』中所见人影与骏马，改为『户』旁另有书册与家犬，就成了分言上下的『扁』『戾』二字。

“扁”的本义

◎扁 小篆

事实上，“扁”字从篆文开始，就是写作上面一个“户”，下面一个“册”。可以看出，“扁”字如今的楷书简体写法，其“户”字下面的部件，与楷书繁体“册”在构形上尚有些许不同，这是汉字发展过程中一种形变义不变的改动。“扁”字上面

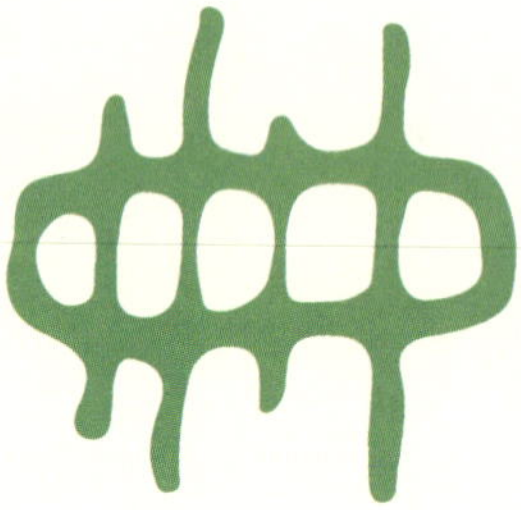
◎册 甲骨文

◎册 小篆

◎扁 隶书

◎扁 楷书

的“户”表示门，下面的“册”，其甲骨文像是被绳子编连在一起的竹简的样子。竹简就是古时候写字用的竹片，这些竹片连在一起就构成了“册”，这是中国历史上使用了很

久的一种书本的形式，也是造纸术发明和纸张普及之前主要的文字载体。这样，“户”“册”两部分合在一起，就会意在门上写文题字。

据《后汉书·百官志》记载，当时凡是那些堪为榜样的人——孝顺的、忠贞的、慷慨助人的、治学表率的，都要对他们“扁表其门，以兴善行”，即在这些人的家门上题写赞美的词句，表彰他们以鼓励行善之风。这里的“扁”，就用了在门上题字的本义。

那么古人一般是如何在门上题字的呢？往往是在一块扁平的木板上写字，然后将它悬挂在门的上方——这就是现在我们依然能见到的牌匾、匾额。也就是说，在门上写字的动作叫作“扁”，古人顺便把这张挂在门上用来写字的木板也叫作“扁”。

如今匾额的“匾”，却还要在这个“扁”字的基础上再加一个“匚”，是何意呢？这是因为，所有挂在门上用于写字的匾额，都是又平又薄的木板，所以“扁”就引申出“扁平”的意思。当这一义项成为主要用法后，人们就又给“扁”

字增添部件，另造了“匾”字来专门表示匾额，其中，“匚”表示方形器物。

“扁”的引申义

根据匾额的形状特征，“扁”又引申出“扁平”的含义。约定俗成的是，一个物件的厚度，如果小于它的长度和宽

度，那么我们就认为这件东西是“扁”的，比如“扁担”“扁豆”“扁食”“扁骨”等。在古文中，“扁”常与“舟”字连用，组词为“扁舟”，意即小船，此时“扁”读作“piān”。缘何会有这种看似不相干的用法呢？其实不难想到，就小舟、小船的整体形状而言，它也是扁的，至于竹筏一类则更是如此。扁舟之于宽阔浩远的江河，就有格外渺小、漂泊和前途难料之感，因此常用以抒发诗人孤独怅惘或渴望归隐的心境。李商隐有：“永忆江湖归白发，欲回天地入扁舟。”李白也有：“人生在世不称意，明朝散发弄扁舟。”

“戾”的本义

门上有牌匾，门下有什么？可能有一只小狗。“戾”字就描述了这样一个有趣的场景。

“戾”字上面是一个表示门扇的“户”字，下面是一个表示狗的“犬”字。它所描述的画面有趣可爱，是家犬弯曲身体从门下窄缝挤出去的情形，古人借此犬之态来表达曲身、弯曲的含义。

◎隶书

刘向《九叹》中有："风骚屑以摇木兮，云吸吸以湫戾。"意思是，疾风呼啸摇动草木，云团滚动凝集卷曲。"湫戾"，"湫"是凝集，"戾"为卷曲。

"戾"的引申义

由曲身、弯曲的本义，"戾"引申为事理上的扭曲、不顺和违逆。

《淮南子·览冥训》中有：“举事戾苍天，发号逆四时。”意思是，办事情、发号施令时总是违逆着天意和四季的规律，这样是为天地所不容的。“戾苍天”即违逆了苍天，违背了天道运行的规律。

◎小篆

◎隶书

继而，性情上的扭曲、古怪和乖张，也能叫作“戾”，常构词为“乖戾”，“乖”是违背，“戾”是性情扭曲，“乖戾”就用来形容人做事急躁易怒、不合情理。

◎楷书

荀子在《荣辱》中论述这世间几种不同的勇敢时，描述了一种不怎么光彩的勇敢：“为事利，争货财，无辞让，果敢而振，猛贪而戾，恈恈然惟利之见，是贾盗之勇也。”这是说，做事图利，争夺财物，不懂推让，行动果断大胆而振奋，心肠凶猛、贪婪而性情乖张，眼红得只看见财利，这是唯利是图的商贩和盗贼的勇敢，是不可取的勇敢。

士君子之勇

与“猛贪而戾”的“贾盗之勇”相对的“可取之勇”是什么样的呢？荀子接着讲了一种“士君子之勇”：“义之所在，不倾于权，不顾其利，举国而与之不为改视；重死持义而不挠，是士君子之勇也。”意思是，为了道义，不屈于权势，不顾一己之利，即便把全天下的权财给他，他也不为所动，虽然看重生命，但抱持正义而不屈不挠，这就是士君子的勇敢。

由“猛贪而戾”的乖戾，再往下延伸一点儿，就要升级为“暴戾”了，也就是从性情扭曲变为一种暴虐不仁。成语“暴戾恣睢”，意即残暴凶狠，胡作非为。

另外，从“戾”的造字场景来看，狗弯曲身体，初衷是为了钻出门去，以到达外面为目的，因此“戾”又引申出了至、到达的含义。《诗经·大雅·旱麓》中有：“鸢飞戾天，鱼跃于渊。”这是说，老鹰展翅飞上青天，鱼儿摆尾跃在深渊，喻指万物各得其所，人如其愿。“戾天”即至于天。

门户之言位，以“扁”“戾”而象志求之上下。扁为上，是君子以进德扬名为上；戾为下，是君子以贪利钻营为下。

启

世上门户万千，如何能辨伪求真以入正途？须知心之门，无定状可寻；须知德之位，于外物无干。唯用『启』，方可开此无形之门，进于上善之位。

“启”的本义

◎楷书

楷书简体“启”是由“户”和“口”两部分构成。欲知其义，还要看它的甲骨文字形。这当真是个值得仔细谈论的问题，因它早在殷商时期就至少有三种常见的字形并行了。

◎甲骨文

“启”的常见字形一，是由“户”和“又”两部分组合而成，即一扇门和一只手，它表示用手开门；常见字形二，是“户”下有“口”，即一扇门和一张嘴，它表示张嘴喊人开门；常见字形三，是以

◎甲骨文

◎金文

上两种构形的结合，是由“户”“又”“口”三部分构成，不难理解，这是在表达：手口并用地打开一扇门——大概是一人被关在门外，他一边敲门，一边喊人开门，当今生活中也不乏这样的场景。

◎金文

总之，不管君子动口还是动手，“启”的本义即用手打开门，与“开”字可视为同义。其字形后来不断演变，至如今的楷书简体，竟又巧妙地完成了一次回归：它与甲骨文字形二的样子一致，也即“户”下有“口”，这就当真成了“君子动口不动手了”。

吴筠有诗云：“启户面白水，凭轩对苍岑。”意即打开门就面对着碧水，靠着窗就能看到青山。王维有诗云：“重门朝已启，起坐听车声。”这是说，诗人一大早就打开了里里外外的屋门，坐立难安地盼着友人，竖耳倾听有没有车马到来的声响。

“启”的引申义

由用手打开门，“启”引申为普遍意义的打开。比如需要某人亲自打开的书信，人们会在信封上写“某某亲启”；由于难为情而又不好张嘴说出的话，则叫作“难以启齿”。魏学洢《核舟记》中有：“启窗而观，雕栏相望焉。”意即开窗一看，雕花的栏杆左右相对。

由于门的打开往往象征一种开始，“启”便引申为开始、引发，构词如“启用”“启动”“启程”“承上启下”。“惊蛰”旧时又称“启蛰”，为春气发动震起蛰伏之物的节令。再由此义稍加延伸，“启”便可表示开发、开拓，《左传》中即有“筚路蓝缕，以启山林”之言，意即驾着简陋的柴车，穿着破烂的衣服，不畏艰辛地开辟山林。

太阳系八大行星中的金星，古时有两个相对的别称，一为“启明”，一为“长庚”。何时称“启明”呢？当

它早晨出现在东方天空之时；何时称“长庚”呢？当它傍晚出现在西方天空之时。这就是《诗经·小雅·大东》中所说的“东有启明，西有长庚”。“启明”，意即引发、开启了光明，因为它现身于太阳升起之前；“长庚”，意即接续、接长了光明，因为它出现在太阳落山以后。

◎小篆

◎楷书

◎隶书

此外，在无形的心灵层面，“启”还有重要的引申义。人们常说“心扉”“心门”，是言人之心智也有畅通与阻塞，正如门户有张开闭合之态。因此，“启”还可以用来表示打开心智，即教导、开导，构词如“启发”“启迪”“启示”。

《论语·述而》中有：“不愤不启，不悱不发。举一隅不以三隅反，则不复也。”这是说，不到学生想明白而实在不知怎么能明白的时候不要去开导他；不到他想说又苦于不知怎么说的时候不要去启发他。如果他不能举一反三，就不反复为其举例讲解了。《孟子·滕文公下》中有："佑启我后人，咸以正无缺。"意思是，庇佑并启发后人，使我辈都知行于正道而全无生之缺憾。

对人有教导、启发，总要有语言相传，因此"启"还可以指用语言陈述。《孔雀东南飞》中有："府吏得闻之，堂上启阿母。"意即焦仲卿听了妻子的诉苦，就走上厅堂向母亲陈述。当大臣向皇帝禀告或士兵向将军禀告时，便常以"启禀皇上""启禀将军"开言。至于寻常可见的"招聘启事""寻人启事"也是同理，"启事"即陈述事情。

门户之言位，以"启"而象心智之通达。口为心之门户，启为心门之洞开。心户既开，万门无阻，君子方能"从心所欲，不逾矩"。古人云："从心而觅，感无不通。"